はじめに

国際的な生活機能に関する分類については、世界保健機関（以下「WHO」）において、検討が行われ、昭和55年（1980年）に国際疾病分類（ICD:International Statistical Classification of Diseases and Related Health Problems）の第9回改訂に際して、補助分類として、機能障害、能力障害と社会的不利に関する分類であるWHO国際障害分類（ICIDH: International Classification of Impairments, Disabilities and Handicaps）が発表されました。

その後、単に心身機能の障害による生活機能の障害を分類するという考え方でなく、生活機能という人間を総合的に捉えた観点からの分類として、活動や参加、特に環境因子というところに大きく光が当てられ、平成13年（2001年）5月に国際生活機能分類（ICF: International Classification of Functioning, Disability and Health）が、ICIDHの改訂版であるものの、ICDの補助的な分類でなくICDと同格の分類として第54回WHO総会で採択されました。

わが国においては、有識者や関係学会・団体等の協力を得て、ICFの日本語版が、平成14年（2002年）に、厚生労働省社会・援護局障害保健福祉部より発行されております。
その後、ICFは、ICDと同様、WHOが保健分野に関する分類体系として提示し一括して運営し管理している世界保健機関国際分類ファミリー（WHO-FIC:WHO Family of International Classifications）の中心分類に位置づけられていることから、統計の基本的事項として、ICDと共に、統計情報部において管理し、社会保障審議会統計分科会特にその下に設置された生活機能分類専門委員会において、具体的な検討を行っております。

社会保障審議会統計分科会生活機能分類専門委員会は、平成18年（2006年）2月13日の社会保障審議会統計分科会において、ICFに係る国際的情勢の変化を踏まえ、わが国の意見を集約し、適切な対応を図り、もって積極的な国際貢献を果たすとともに、国内におけるICFの正しい普及・啓発を図るために、広範囲に渡る専門的知識をもって対応するため必要があるとの合意に基づき、設置されました。

本書は、ICFの普及の一助となるよう当専門委員会における議論を踏まえて作成され、社会保障審議会統計分科会へ報告されたものです。
本書がICFの関係者や関心をお持ちの方にとって、ICFを活用する一助となり、また、多くの方々にICFを知っていただく機会となれば幸いです。

平成19年3月

厚生労働省大臣官房統計情報部長

桑　島　靖　夫

ご 意 見 連 絡 先

人口動態・保健統計課疾病傷害死因分類調査室
E-mail： japanicf@mhlw.go.jp

※ 頂戴したご意見は、今後の検討の参考とさせていただきます。

目次

はじめに

本書の目的・利用方法等 …………………………………………………………………………………1

WHO-FICにおける中心分類の一つであるICF …………………………………………………………2

ICFの評価を用いるときの基本的考え方 …………………………………………………………………2

ICFにおける構成要素とその相互作用 ……………………………………………………………………3

ICF活用で期待される効果 …………………………………………………………………………………4

ICFで使われる用語の定義 …………………………………………………………………………………5

「活動」と「参加」の具体的評価方法の対応について …………………………………………………6

「活動」及び「参加」の評価点基準（暫定案）（平成19年3月版）……………………………………9

ICF評価点使用例 ……………………………………………………………………………………………19

付録ICF詳細分類と定義　「活動」と「参加」（国際生活機能分類（抄））………………………………23

本書の目的・利用方法等

○本書は、WHOによって開発・勧告された国際生活機能分類（ICF:International Classification of Functioning, Disability and Health）について、専門家だけでなく当人や家族も含め、医療や介護等に関係する方や健康作りや社会参加等に取り組んでいる方を対象に、ICF活用の一助となるよう、「活動」及び「参加」の分野について暫定的な評価点を導入する手引きとしていただくことを目的としてまとめられたものです。

○ICFは、平成13年にWHOより日本を始めとする加盟各国に勧告されたもので、健康状態と健康関連状況について、統一的で標準的な言語と概念的枠組みを提供することを目的としている分類であり、すべての人の健康状態を全人的に把握するためのものとして開発されました。
ICFの勧告には、評価方法等について一定の指針等が示されているものの、詳細な具体的活用方法等については、各国の判断に委ねられている状況にあります。そのため、ICFの具体的活用に資するよう、本書はICFの構成要素のうち特に「活動」及び「参加」部分を対象とし、その評価を行う際に必要となる評価点基準について現時点における暫定案を示そうとするものです。
本書がICFの内容を全て網羅しているものではないことと、本書の内容も今後の国際的な議論の動向等により、更新されていく性格のものであることを、予めご承知おきください。

○ICFについて、より詳しい情報を得たい方は、厚生労働省社会保障審議会統計分科会生活機能分類専門委員会資料（http://www.mhlw.go.jp/shingi/index.html）や、
WHOホームページ（http://www.who.int/classifications/icf/en/）等をご参照ください。

○本書の有効な利用方法の一例をお示しします。
　①すべての人の健康状態を全人的に把握するというICFの考え方を理解する。
　②「活動」と「参加」の具体的な評価について評価点基準（暫定案）に基づく使用例等から理解する。
　③必要に応じ巻末の項目について実際に評価してみる。

※なお、実際に使用してみて特段の意見がある場合にはメールにて統計情報部へご連絡頂ください。今後の検討の参考とさせていただきます。
（E-mail：　japanicf@mhlw.go.jp）

WHO-FICにおける中心分類の一つであるICF

○ICFは健康状況と健康関連状況を記述するための、統一的で標準的な言語と概念的枠組みを提供することを目的とする分類です。

○WHOが総合的に管理運営しているWHO-FIC（世界保健機関国際分類ファミリー）(※)の中心分類の一つです。

○厚生労働省では、社会保障審議会統計分科会の下に、生活機能分類専門委員会を設置し、WHOの動向等を踏まえ、ICFに関する具体的な事項について検討を行っています。

（※）WHO-FIC（世界保健機関国際分類ファミリー）

WHOは、保健関連の重要課題を効果的に処理するためには、データベースを用いて、問題を識別し、記述する必要があるとしています。具体的には、保健関連の課題について、原因を調査し、その内容を記録したり、実施した介入等について、進捗状況を監視し、評価したりするために、国際比較可能な標準化されたデータベースが重要であるとの認識です。この認識に基づき、WHOは、保健分野に関する分類体系を提示しています。これが、国際分類ファミリー（WHO-FIC:WHO Family of International Classifications）と呼ばれるものであり、ICFはその中でも、ICD（国際疾病分類）と並び、中心分類の一つとして位置づけられています。（詳細はhttp://www.who.int/classifications/en/を参照）

ICFの評価を用いるときの基本的考え方

○分類項目は、それぞれについて、その評価と一体で用いられます。

○分類項目は、ひとりの方について全人的に把握することが可能な設計となっています。ただし、実際に活用する場合に、全ての項目について調べ把握することを求めているものではありません。

○評価を行う際に用いる分類項目は、WHOが提示したものを用い、その定義に従ってください。その中で、どの分類項目を用いるかについては、特定のものに限定されるものではなく、目的に応じて変わる可能性があります。

○健康状態や環境等、様々な要素が生活機能に対して相互に影響を与えうるとされており、そのことがICFでは重要視されていることを理解して活用してください。

ICFにおける構成要素とその相互作用

1.ICFにおける構成要素

○ICFは、人間の生活機能に関する項目を、アルファベットと数字を組み合わせた方式で表す分類です。

・第1レベル、第2レベル、詳細分類（第3レベル・第4レベル）があり、どのレベルでの利用も出来ます。

（例）
　第1レベルの項目　　a4　　　　　運動・移動
　第2レベルの項目　　a450　　　　歩行
　第3レベルの項目　　a4501　　　長距離歩行

○ICFは、「心身機能・身体構造」、「活動」、「参加」の3つの構成要素からなる「生活機能」と、また、それらに影響を及ぼす「環境因子」等の「背景因子」の項目で構成されています。

2.構成要素間の相互作用について

○個人の生活機能は、健康状態と背景因子との間に相互作用あるいは複合的な関係があると考えられています。また、生活機能を構成する「心身機能・身体構造」、「活動」、「参加」の間にも相互作用あるいは複合的な関係があると考えられています。

概念図

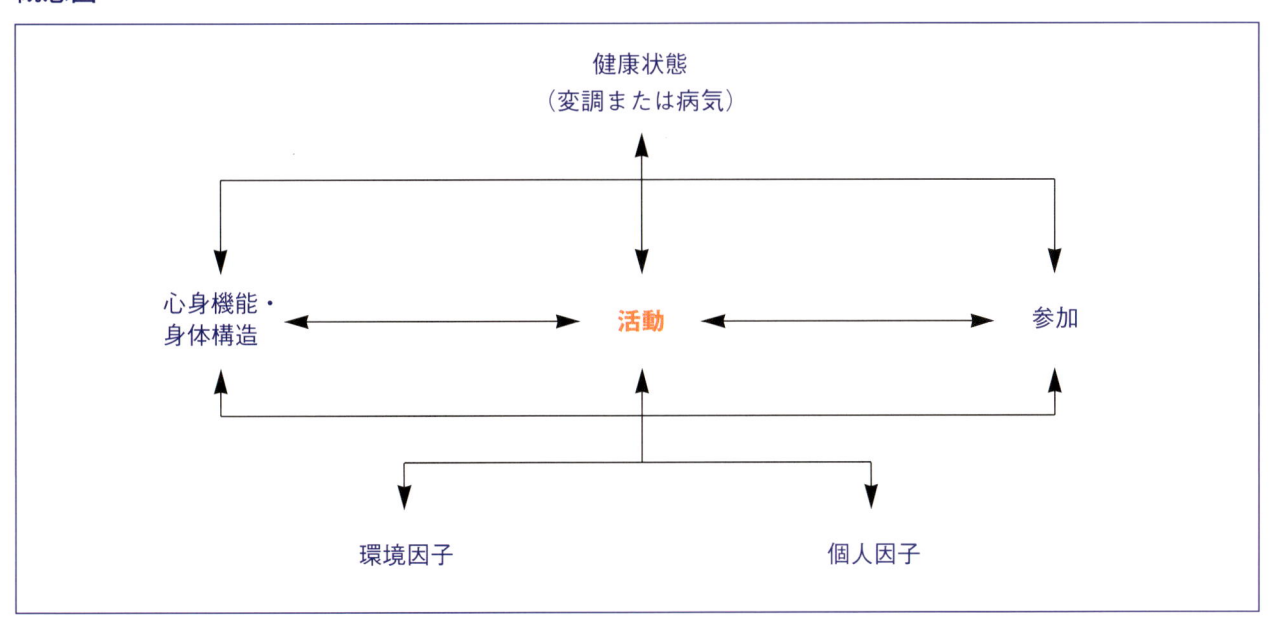

```
                健康状態
             （変調または病気）
                   ↕
    ┌──────────────┼──────────────┐
    ↓              ↓              ↓
 心身機能・  ←→   活動   ←→    参加
 身体構造
    ↑              ↑              ↑
    └──────┬───────┴───────┐
           ↓                   ↓
        環境因子             個人因子
```

この概念図に、具体的な例示を入れたものが次のページです。

●概念図（具体例が入ったもの）

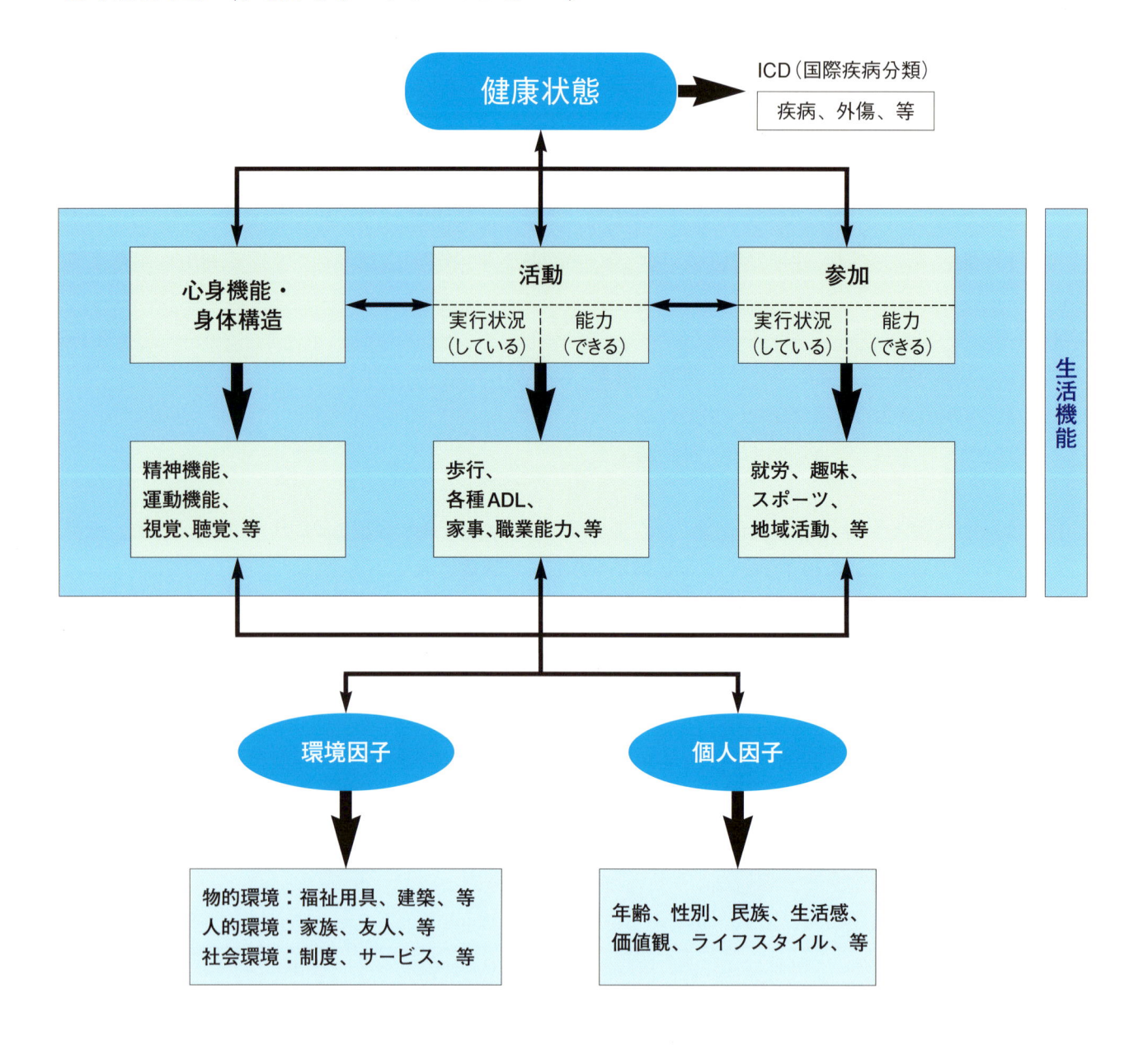

```
                           健康状態 ────→ ICD（国際疾病分類）
                              │              疾病、外傷、等
          ┌───────────────────┼───────────────────┐
          ↓                   ↓                   ↓
    ┌──────────┐        ┌──────────┐        ┌──────────┐
    │心身機能・│←──────→│  活動    │←──────→│  参加    │
    │身体構造  │        │実行状況│能力│    │実行状況│能力│
    └──────────┘        │(している)│(できる)│  │(している)│(できる)│
          │                   │                   │
          ↓                   ↓                   ↓
    ┌──────────┐        ┌──────────┐        ┌──────────┐
    │精神機能、│        │歩行、    │        │就労、趣味│
    │運動機能、│        │各種ADL、 │        │スポーツ、│
    │視覚、聴覚│        │家事、職業│        │地域活動、│
    │、等      │        │能力、等  │        │等        │
    └──────────┘        └──────────┘        └──────────┘
                                                        生活機能
          ┌──────────────┐        ┌──────────────┐
          │  環境因子    │        │  個人因子    │
          └──────────────┘        └──────────────┘
                 ↓                       ↓
       ┌──────────────────┐    ┌──────────────────┐
       │物的環境：福祉用具│    │年齢、性別、民族、│
       │、建築、等        │    │生活感、価値観、  │
       │人的環境：家族、  │    │ライフスタイル、等│
       │友人、等          │    └──────────────────┘
       │社会環境：制度、  │
       │サービス、等      │
       └──────────────────┘
```

ICF活用で期待される効果

ICFは、その活用により、
○当人やその家族、保健・医療・福祉等の幅広い分野の従事者が、ICFを用いることにより、生活機能や疾病の状態についての共通理解を持つことができる。
○生活機能や疾病等に関するサービスを提供する施設や機関などで行われるサービスの計画や評価、記録などのために実際的な手段を提供することができる。
○調査や統計について比較検討する標準的な枠組みを提供することができる。
などが期待されています。

ICFで使われる用語の定義

◆「生活機能」に関する用語

○**生活機能**(functioning):
　心身機能、身体構造、活動及び参加の全てを含む包括用語

○**障害**(disability):
　機能障害、活動制限、参加制約の全てを含む包括用語

○**心身機能**(body functions):
　身体系の生理的機能(心理的機能を含む)

○**身体構造**(body structures):
　器官・肢体とその構成部分など、身体の解剖学的部分

○**機能障害(構造障害を含む)**(impairments):
　著しい変異や喪失などといった、心身機能または身体構造上の問題

○**活動**(activity):
　課題や行為の個人による遂行

○**参加**(participation):
　生活・人生場面(life situation)への関わり

○**活動制限**(activity limitations):
　個人が活動を行うときに生じる難しさ

○**参加制約**(participation restrictions):
　個人が何らかの生活・人生場面に関わるときに経験する難しさ

◆「背景因子」に関する用語

○**背景因子**(contextual factors):
　個人の人生と生活に関する背景全体(構成要素は環境因子と個人因子)

○**環境因子**(environmental factors):
　人々が生活し、人生を送っている物的な環境や社会的環境、人々の社会的な態度による環境を構成する因子

○**個人因子**(personal factors)
　個人の人生や生活の特別な背景

「活動」と「参加」の具体的評価方法の対応について

・以下は、第3回厚生労働省社会保障審議会統計分科会生活機能分類専門委員会資料（http://www.mhlw.go.jp/shingi/index.html）からの抜粋です。

・第2回までの委員会で、生活機能の中でも、「活動」と「参加」の評価が、国際的にも求められていることについて、事務局より説明が行われています。
（他の「心身機能」等の構成要素については、国際的に「活動」と「参加」との相互関係による影響も考慮して評価すべきという論点も含め、議論が展開される見通しです。動向を踏まえ、今後の対応が検討されます。）

・そのため、「活動」と「参加」の具体的評価方法について、検討が行われています。

1.「活動」と「参加」の概念について

「活動」と「参加」については、それぞれ以下のように定義される。

○活動（activity）は、課題や行為の個人による遂行のことである。
　それは個人的な観点からとらえた生活機能を表す。

○参加（participation）は、生活・人生場面への関わりのことである。
　それは社会的な観点からとらえた生活機能を表す。

現在、ICFでは、「活動」と「参加」の概念はそれぞれ定義づけられているものの、分類項目は、「活動と参加」として一つにまとめられて提示されている。どの項目を「活動」の項目として使い、どの項目を「参加」の項目として使うかは、使用する国や使用する目的に応じて設定することとされている。

＜留意点＞
同じ分類項目名であっても「活動」と「参加」は一対一に対応するものではなく、一つの「参加」を実現するには、当該分類項目名の「活動」以外に多数の「活動」が必要となる場合がある。

2.「活動」と「参加」を評価する上で検討を要する事項

○「活動」と「参加」を評価する目的及びその利活用の在り方

○「活動」と「参加」のリストの取扱い（「活動」と「参加」のどちらで評価を行うか）

○「活動」と「参加」の具体的評価方法

3.背景等

○現時点において国際的に標準化された具体的な評価点基準は定められていない。

○WHOから各国に、継続的なデータの積み重ねによる検証が求められている。

○今後、WHOにおける国際的な議論の中で、具体的な評価点基準が定められる可能性がある。

4.当面の対応案及び考え方

以下は、前回の専門委員会における議論を踏まえ、当面の対応案や考え方について、整理したものである。

「活動」と「参加」を評価する目的及びその利活用の在り方について

○目的及びその利活用の在り方について、制限を行うものではないが、原則として、
①統計における活用
②異なる職種間における共通の言語としての活用
③個人の生活機能の変化の把握（異なる時点での対象の変化の把握）
といった利活用が、考えられるのではないか。

◆特に、「よりよい生活を送るためにどうすればいいのか」ということについて、当人、家族及び専門職種を含めた関係者の間で、気づき、考えるための共通認識を得ることが目的となるのではないか。

「活動」と「参加」のリストの取扱いについて
（「活動」と「参加」のどちらで評価を行うか）

○評価する項目の選択も含め、「活動」で評価するか、「参加」で評価するか、又は、両方で評価するかの選択については、現在、知見を収集し、分類を活用できるよう作り上げていく過渡期であることから、目的に応じて使用者の選択に任せることとしてはどうか。

「活動」と「参加」の具体的評価方法について

○「活動」と「参加」の評価点基準を暫定案として提示してはどうか。
- ◆評価点基準（暫定案）は、今後、より効果的な使いやすい評価点基準を策定するためのたたき台としてはどうか。（暫定案を原則とし、今後、微細な修正しか受け付けないというものではない。）
- ◆ICFを活用するにあたり、全く異なる評価点基準が無秩序に乱立するよりも、粗々であれ、暫定案があった方が、活用しやすく、また、実際に活用した際の経験や、得られたデータを基に、評価基準策定についての生産的な議論が可能となるのではないか。
- ◆国際的な検討の場への対応として、我が国としての方針を決定し、意見を行う場合、裏付けとなるデータが必要であることから、データを得るために、暫定案であれ、評価点基準を提示する価値はあるのではないか。
- ◆評価点基準（暫定案）が、あくまで、今後、評価点基準を策定するためのものであることや、WHOにおける勧告等によって、変更となる可能性があることについては明記することとしてはどうか。
- ◆評価点基準（暫定案）は、必要に応じて適宜改正を行うこととしてはどうか。

○活動と参加は、「実行状況」、「能力（支援なし）」及び「能力（支援あり）」の3つの評価で評価点をつけることとし、ポイント以下第3位まで使用することとしてはどうか。

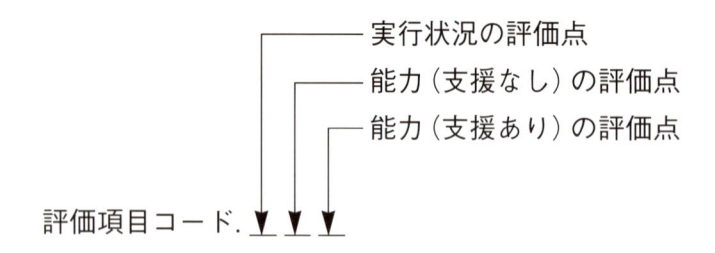

```
                    ┌──── 実行状況の評価点
                    │   ┌── 能力（支援なし）の評価点
                    │   │  ┌─ 能力（支援あり）の評価点
    評価項目コード． ▼  ▼  ▼
```

「活動」及び「参加」の評価点基準（暫定案）
（平成19年3月版）

※注意

○ICFを活用するため暫定的に設定した評価点基準案です。
○今後、WHOにおける検討結果等によって、変更となる可能性があることについては、留意してください。
○（暫定案）は必要に応じて改正を行います。

活動の評価点基準（案）

【活動（activity）：課題や行為の個人による遂行】

○実行状況（個人が現在の環境のもとで行っている活動や参加の状況）の評価基準
ポイント以下第一位で使用

評価点	評価	内容
0	普遍的自立	生活の場以外での環境（外出時、旅行時などにおける環境）においても自立している
1	限定的自立	生活の場（当人の状況に応じて自宅、自宅の一部、病院、施設など）およびその近辺の、限られた環境のみで自立している
2	部分的制限	部分的な人的介護（※）を受けて行っている ※「部分的な人的介護」は「見守り」「うながし」等を含む
3	全面的制限	全面的な人的介護を受けて行っている
4	行っていない	禁止の場合を含み行っていない

○能力（ある課題や行為を遂行する個人の能力）の評価基準
ポイント以下第二位及び第三位で使用

評価点	評価	内容
0	普遍的自立	生活の場以外での環境（外出時、旅行時などにおける環境）においても行うことができる
1	限定的自立	生活の場（当人の状況に応じて自宅、自宅の一部、病院、施設など）およびその近辺の限られた環境のみで行うことができる
2	部分的制限	部分的な人的介護（※）を受ければ行うことができる ※「部分的な人的介護」は「見守り」「うながし」等を含む
3	全面的制限	全面的な人的介護を受けて行うことができる
4	行うことができない	禁止の場合を含み行うことができない

参加の評価点基準（案）

【参加（participation）：生活・人生場面への関わり】

○実行状況（個人が現在の環境のもとで行っている活動や参加の状況）の評価基準
ポイント以下第一位で使用

評価点	評価	内容
0	活発な参加	常に又はしばしば、全面的な参加を実現している （人的介護の有無は問わない）（注）
1	部分的な参加	時々又は部分的な参加を実現している （人的介護は受けていない）
2	部分的制約	部分的な人的介護（※）を受けて、時々又は部分的な参加を実現している ※「部分的な人的介護」は「見守り」「うながし」等を含む
3	全面的制約	全面的な人的介護を受けて、時々又は部分的な参加を実現している
4	参加していない	禁止の場合を含み参加していない

注：ただし、頻度及び人的介護の有無等にかかわらず、高い水準での参加については評価点0とする。

○能力（ある課題や行為を遂行する個人の能力）の評価基準
ポイント以下第二位及び第三位で使用

評価点	評価	内容
0	活発な参加	常に又はしばしば、全面的な参加を実現することができる （人的介護の有無は問わない）（注）
1	部分的な参加	時々又は部分的な参加を実現することができる （人的介護は受けていない）
2	部分的制約	部分的な人的介護（※）を受けて、時々又は部分的な参加を実現することができる ※「部分的な人的介護」は「見守り」「うながし」等を含む
3	全面的制約	全面的な人的介護を受けて、時々又は部分的な参加を実現することができる
4	参加を実現することができない	禁止の場合を含み参加を実現することができない

注：ただし、頻度及び人的介護の有無等にかかわらず、高い水準での参加については評価点0とする。

評価点をつけるに当たっての原則等

<原則等>
○ICFの活用によって、評価点をつけることそのものが重要なのではなく、「よりよい生活を送るためにどうすればいいのか」ということについて、当人、家族及び専門職種を含めた関係者の間で、気づき、考えるための共通認識を得ることが重要です。

○各項目は、WHOが提示した定義に従ってください。項目そのものの定義については、変更して使用しないでください。

○評価点基準（暫定案）は、今後、より適切な評価点基準を作成するために、策定されたものであることを念頭に置いてください。将来的な具体的目標は、以下の通りです。
　　①統計における活用
　　②使いやすい共通言語としての評価点基準の策定
　　③個人の生活機能の変化の把握

○個人の生活機能の変化を把握し、共通認識を得るためには、評価点をつけるだけでなく、当人の状況等について記載することが望ましいのではないかとの意見があります。

○「活動」で評価する場合も、「参加」で評価する場合も、「実行状況」、「能力（支援なし）」及び「能力（支援あり）」の3つで評価を行い、そのポイント以下の記載は以下のとおりです。

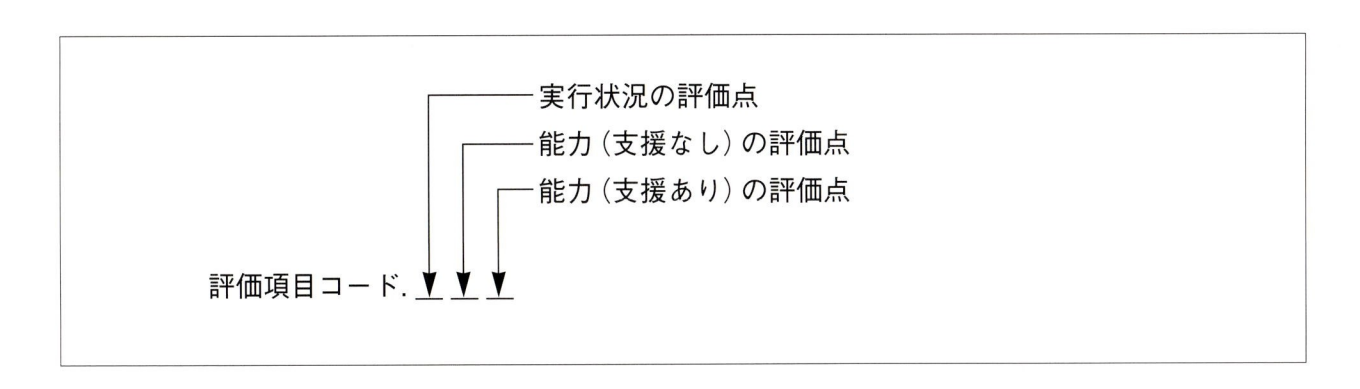

```
                        ── 実行状況の評価点
                          ── 能力（支援なし）の評価点
                            ── 能力（支援あり）の評価点
    評価項目コード．▼ ▼ ▼
```

ICFを活用した「活動」及び「参加」の評価

○何の目的でICFを利活用するのか明確にした上で、評価する目的に応じ、ICFの項目を選びます。
　　→ICF「活動」と「参加」の項目参照（d評価項目コード）
　　（※ICFの各項目の定義は、変更しないでください。）

○それぞれの項目について、「活動」で評価するか、「参加」で評価するか、または、両方で評価するか選択します。
　「活動」：課題や行為の個人による遂行
　コード頭文字のdをaとする
　「参加」：生活・人生場面への関わり
　コード頭文字のdをpとする

○「活動」又は「参加」における「実行状況」、「能力（支援なし）」及び「能力（支援あり）」について、それぞれ後述の評価点基準案を参考に評価を行ってください。（※評価点基準について、目的や選択した項目に応じて、より詳細な設定を行う必要がある場合には、「設定内容」、「独自の設定であること」及び「当該設定とした理由」を明らかにしてください。）

ICFの「活動」と「参加」の項目

【活動】	【参加】
表記：「a評価項目コード．①②③」	表記：「p評価項目コード．①②③」
①　実行状況 　　→　活動の実行状況評価 ②　能力（支援なし） 　　→　活動の能力評価 ③　能力（支援あり） 　　→　活動の能力評価	①　実行状況 　　→　参加の実行状況評価 ②　能力（支援なし） 　　→　参加の能力評価 ③　能力（支援あり） 　　→　参加の能力評価

活動の実行状況評価点基準(案)

・活動の実行状況：個人が現在の環境のもとで行っている活動の状況
・活動評価項目コードのポイント以下第1位で使用します。

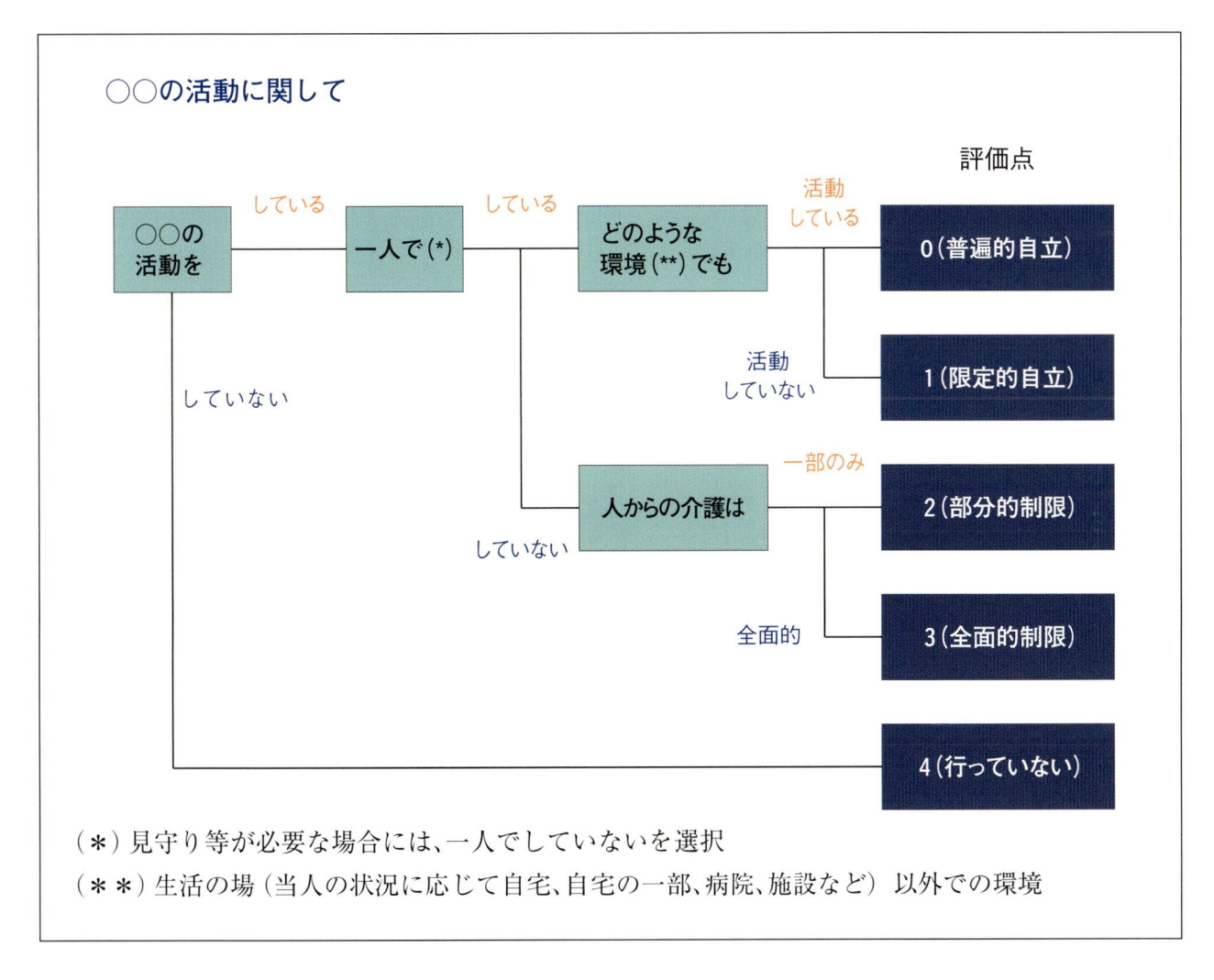

```
○○の活動に関して

    ○○の      している    一人で(*)   している    どのような    活動している   0(普遍的自立)
    活動を     ────→              ────→    環境(**)でも  ─────→
                                                         活動していない  1(限定的自立)

                          していない              一部のみ
                                     人からの介護は ─────→   2(部分的制限)
               していない                        全面的
                                                ─────→   3(全面的制限)

                                                          4(行っていない)
```

評価点

(*) 見守り等が必要な場合には、一人でしていないを選択
(**) 生活の場(当人の状況に応じて自宅、自宅の一部、病院、施設など)以外での環境

<使用例>

○ a4600 「自宅内の移動」
　　→特段部屋を限定することなく自分で移動している。　　　　　　　　　　　　　a4600.0

○ a4601 「自宅以外の屋内移動」
　　→かかりつけの病院とデイケアセンター内でのみ移動している。
　　その他の場所には、特段行っていない。　　　　　　　　　　　　　　　　　　a4601.1

○ a4602 「屋外の移動」
　　→屋外は車いすを使用しているため、地面が平坦でないところは
　　押してもらって移動している。　　　　　　　　　　　　　　　　　　　　　　a4602.2

活動の能力評価点基準（案）

- 活動の能力：ある活動を遂行する個人の能力
- 活動評価項目コードのポイント以下第2位（用具等の支援なし）又は第3位（用具等の支援あり）で使用します。

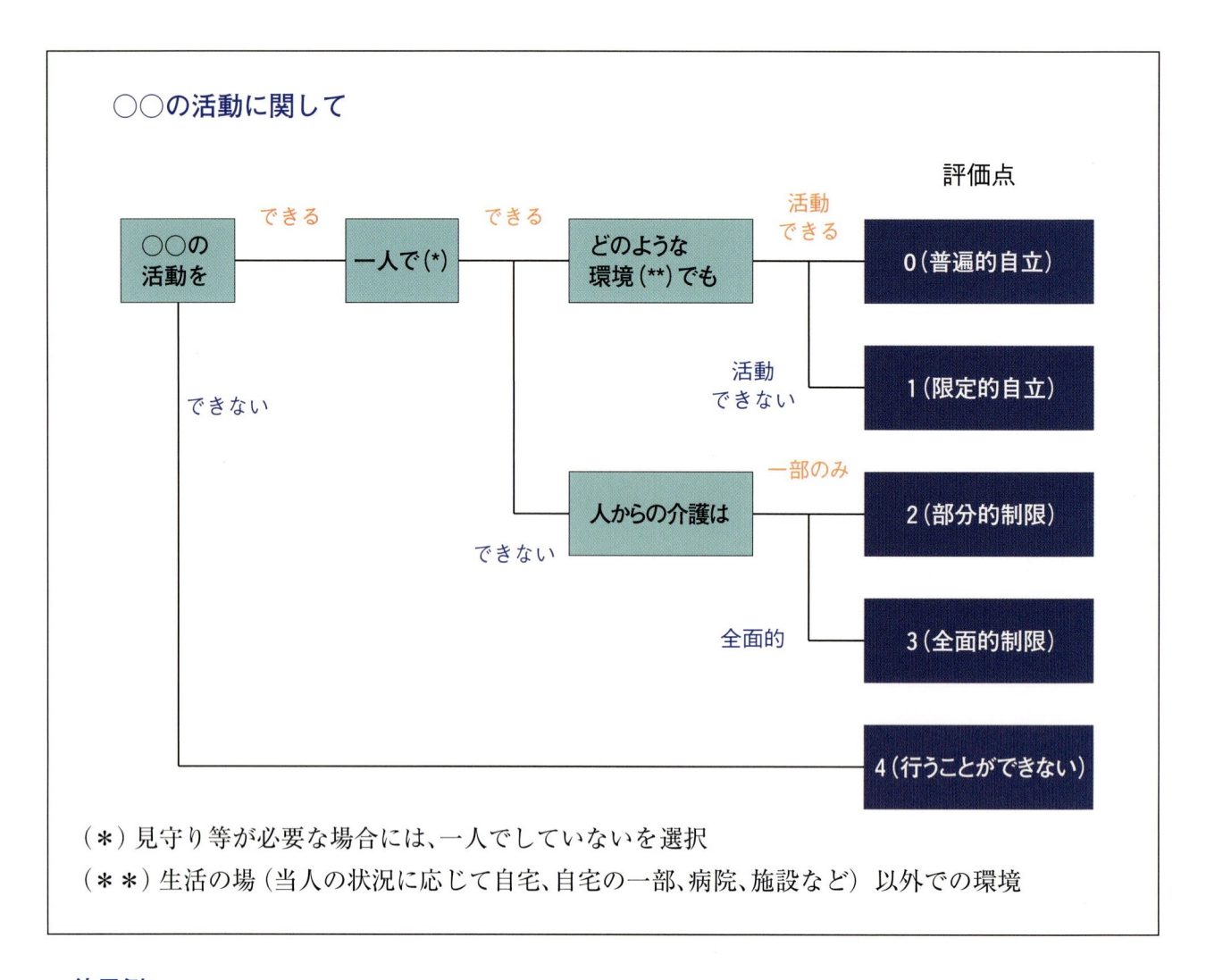

○○の活動に関して

```
                                                              評価点
○○の活動を ──できる──→ 一人で(*) ──できる──→ どのような環境(**)でも ──活動できる──→ 0（普遍的自立）
    │                      │                         │
    │                      │                         └──活動できない──→ 1（限定的自立）
    │                      │
    │                      └──できない──→ 人からの介護は ──一部のみ──→ 2（部分的制限）
    │                                         │
    │                                         └──全面的──→ 3（全面的制限）
    │
    └──できない────────────────────────────────────────────→ 4（行うことができない）
```

（＊）見守り等が必要な場合には、一人でしていないを選択
（＊＊）生活の場（当人の状況に応じて自宅、自宅の一部、病院、施設など）以外での環境

<使用例>

○ a4600 「自宅内の移動」
→杖や車いすなどの用具を使わなくとも、特段部屋を限定することなく自分で移動できる。
a4600.000

○ a4601 「自宅以外の屋内移動」
→室内移動は行うことが出来る。かかりつけ病院やデイケアセンター内であれば、用具がなくても移動できるが、初めての場所では、移動できない。車いすがあれば、屋内移動に特段制限はない。
a4601.110

○ a4602 「屋外の移動」
→屋外で用具なしでの歩行は、寄りかかるところがないため、誰かが見守り、時に支えなければできない。車いすがあれば、時間はかかるものの特段制限はない。
a4602.220

参加の実行状況評価点基準（案）

・参加の実行状況：個人が現在の環境のもとで行っている参加の状況
・参加評価項目コードのポイント以下第1位で使用します

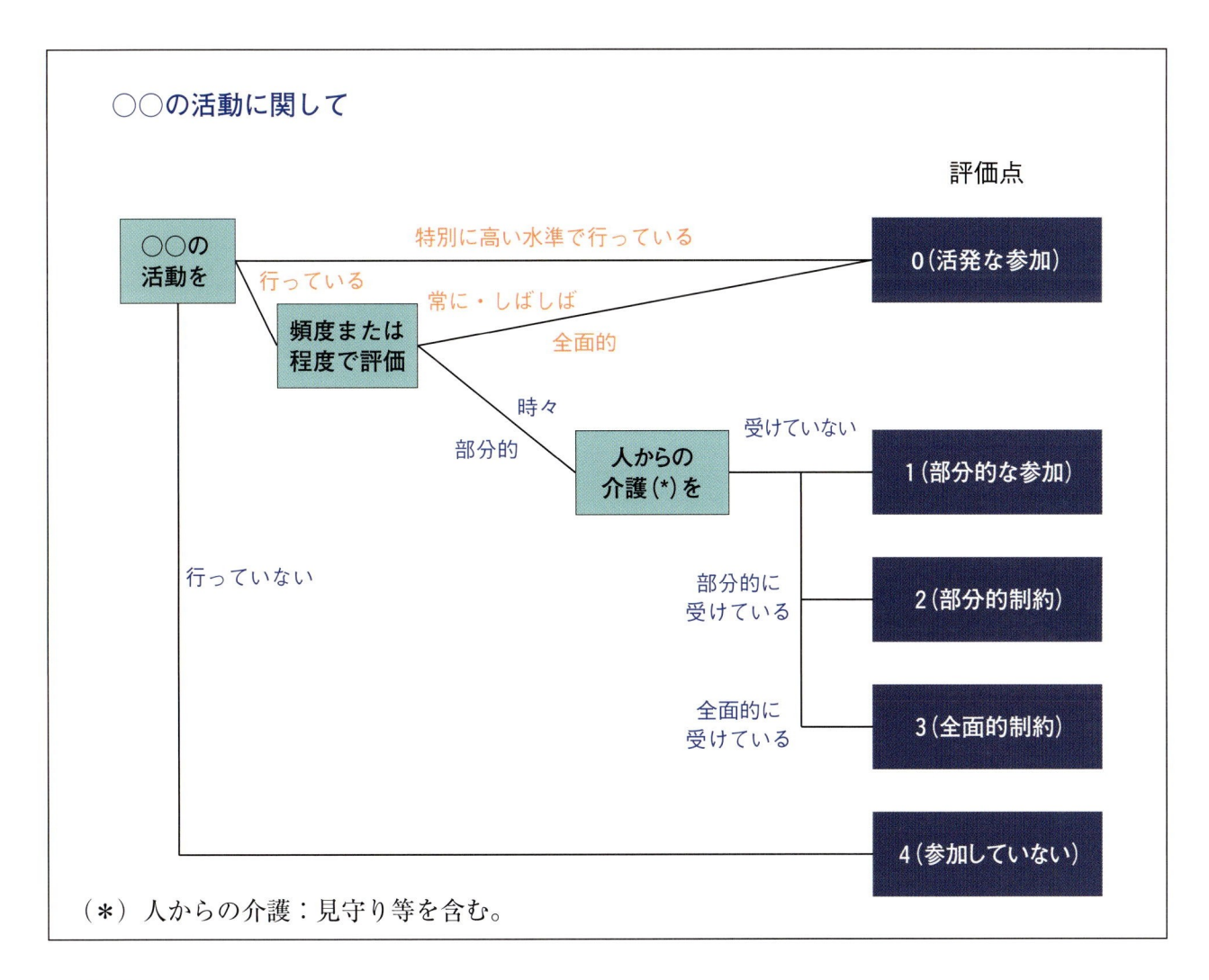

○○の活動に関して

○○の活動を	頻度または程度で評価	人からの介護(*)を	評価点
行っている	特別に高い水準で行っている	—	0（活発な参加）
行っている	常に・しばしば / 全面的	—	0（活発な参加）
行っている	時々 / 部分的	受けていない	1（部分的な参加）
行っている	時々 / 部分的	部分的に受けている	2（部分的制約）
行っている	時々 / 部分的	全面的に受けている	3（全面的制約）
行っていない	—	—	4（参加していない）

（*）人からの介護：見守り等を含む。

＜使用例＞

○ p850　「報酬を伴う仕事」
　　→非常勤として月に2回程度、仕事を行っている。　　　　　　　　　　　　　p850.1

○ p855　「無報酬の仕事」
　　→ボランティア活動において、グループリーダーとして指導的立場で働いている。　p855.0

○ p9100　「非公式団体」(※)
　　→社会的なクラブに、メンバーとして定期的に参加している。　　　　　　　　p9100.0

（※）この項目は、共通の興味を持つ人々によって組織されたものという意であり、p9101「公式団体」（専門家の資格等によってメンバーが限定されている団体）の対になる。

参加の能力評価点基準(案)

・参加の能力:ある参加を遂行する個人の能力
・参加評価項目コードのポイント以下第2位(用具等の支援なし)又は
  第3位(用具等の支援あり)で使用します。

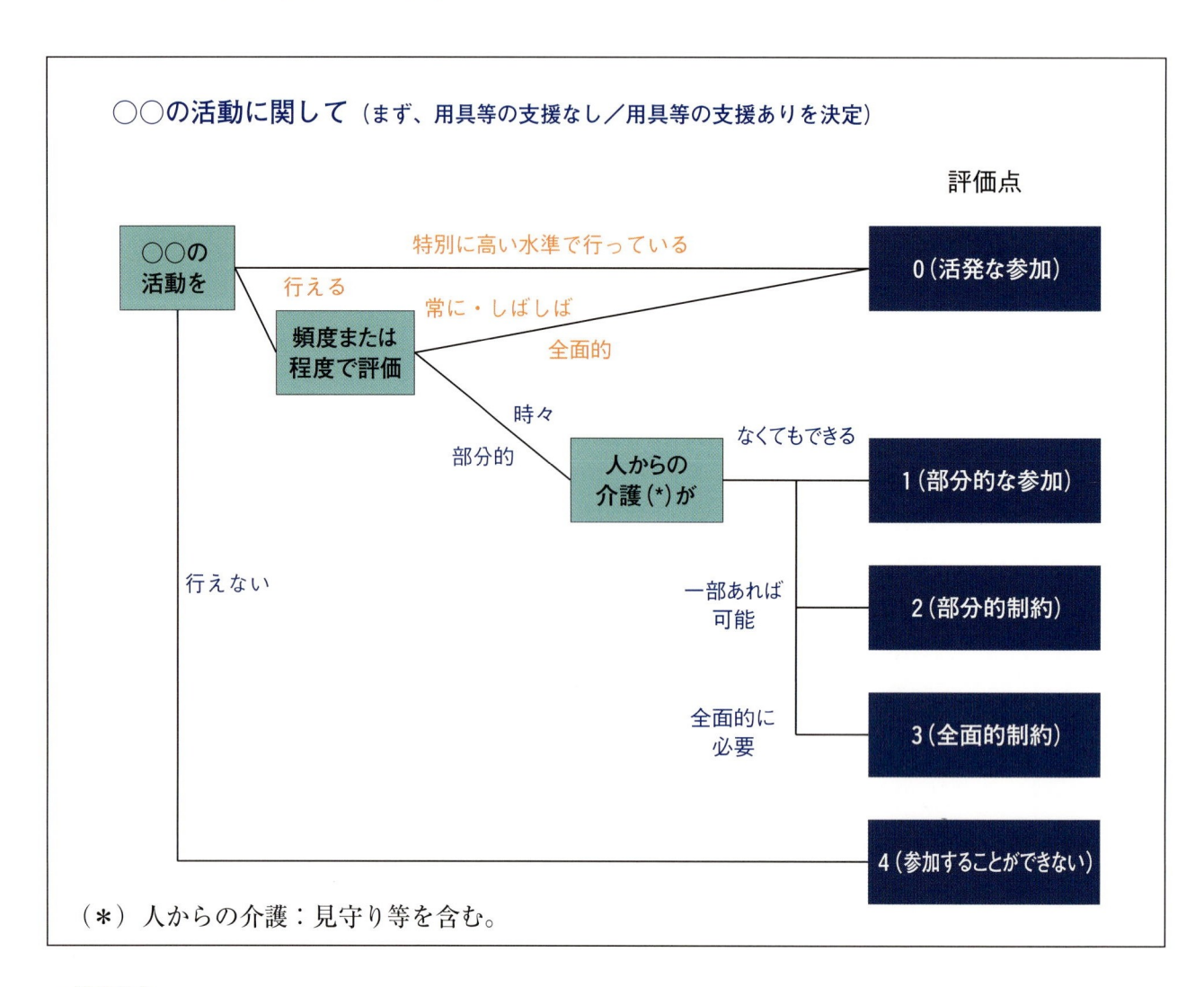

○○の活動に関して (まず、用具等の支援なし/用具等の支援ありを決定)

評価点

○○の活動を
- 行える
  - 頻度または程度で評価
    - 特別に高い水準で行っている → 0(活発な参加)
    - 常に・しばしば / 全面的 → 0(活発な参加)
    - 時々 / 部分的
      - 人からの介護(*)が
        - なくてもできる → 1(部分的な参加)
        - 一部あれば可能 → 2(部分的制約)
        - 全面的に必要 → 3(全面的制約)
- 行えない → 4(参加することができない)

(*)人からの介護:見守り等を含む。

<使用例>

○ p850 「報酬を伴う仕事」
　　　　→仕事を行うことは可能。特段用具は不要。　　　　　　　　　　　　p850.100

○ p855 「無報酬の仕事」
　　　　→現在、行っているボランティア活動は、長距離移動が必要であり、
　　　　車いすがなければ、行うことが出来ない。　　　　　　　　　　　　p855.040

○ p9100 「非公式団体」(※)
　　　　→社会的なクラブに、メンバーとして定期的に参加している。特段用具は不要。
　　　　　　　　　　　　　　　　　　　　　　　　　　　　　　　　　　　p9100.000

(※)この項目は、共通の興味を持つ人々によって組織されたものという意であり、p9101「公式団体」
(専門家の資格等によってメンバーが限定されている団体)の対になる。

ICF評価点使用例

目　的：個人の生活機能の変化を、本人を含めた関係者で共通認識として把握し、活動や参加における目標を設定すること
評価点：評価点基準（暫定案）平成19年3月版を使用

40歳男性Aさんのエピソード

◆昨年、バイクで転倒し、脊髄損傷と診断された。

◆入院してすぐ、本人、家族、医師及び看護師等が合同で話し合いを行っている。

◆医師らは、Aさんに対し、生活機能のすべての側面に働きかけることの重要性について説明し理解を求めた。具体的には、心身機能の低下（Aさんにとっては下半身の麻痺）に対する治療と、訓練によって活動制限の改善を図り、生活や人生の色々な場面へ関わっていくことについて説明した。

◆Aさんのけがをする前の活動の様子を聴き、また、Aさん・家族が、退院したらどのような生活をしたいのか、できるはずがないと思わずに言ってもらい、希望を確認した。

◆医師らはAさんにできる活動（訓練時の能力）を説明し、活動や参加についての目標を共同で決定した。

（1）会社勤務。テニスが好きで、仕事を終えると、毎日のようにテニスを行っていた。

（2）平成○年×月△日、バイク運転中に転倒。
　　そのまま病院に入院となり、脊髄損傷と診断された。下半身の麻痺となった。入院時、立ち上がることもできなかった。

（3）退院時、歩くことはできなかったが、訓練により、用具を使用し立ち上がることはできるようになった。

（4）仕事は元々デスクワークであったため、もしできることなら戻りたいと考えていた。訓練を続けるうちに、人の介護を受けて、短距離歩行ができるようになった。
　　・会社側から、車いすで対応可能な職場環境の整備を行いたいと提示があった。
　　・Aさんは、車いすでテニスができることを知らなかったが、車いすでテニスができることを知り、調べてみたところ、車いすテニスクラブが近くにあることが分かった。

（5）会社に復帰できることとなった。テニスクラブに通い、車いすテニスを行うようになった。
　　この頃には、短距離歩行について、用具を用いての歩行は完全に可能となっていた。

評価点

(1)　p850 「報酬を伴う仕事」→「参加」で評価
　　　　・実行状況及び能力は「活発な参加」　　　　　　　　　　　　　　　　p850.000

　　　a9201 p9201「スポーツ」→「活動」及び「参加」で評価
　　　　・テニスに対する「活動」について実行状況及び能力は「普遍的自立」　a9201.000

　　　　・「参加」については、地域のテニスクラブに所属しており、活発な参加」　p9201.000

(2)　a4104「立つこと」→「活動」で評価
　　　　・急性期には、全く何もできない状況であった。　　　　　　　　　　　a4104.444

(3)　a4104「立つこと」→「活動」で評価
　　　　・実行状況は人からの見守りが一部必要であったため「部分的制限」、
　　　　　能力（用具なし）としては「部分的制限」、能力（用具あり）としては、医師の診断として、
　　　　　可能とのことであった。　　　　　　　　　　　　　　　　　　　　a4104.220

　　　a4500「短距離歩行」→「活動」で評価
　　　　・用具がなければ「全面的制限」。能力（用具あり）としては、医師の診断として、
　　　　　可能とのことであった。　　　　　　　　　　　　　　　　　　　　a4500.430

(4)　p850 「報酬を伴う仕事」→「参加」で評価
　　　　・能力はあるものの、この段階での参加は実現できていなかった。　　p850.400

　　　a4500「短距離歩行」→「活動」で評価
　　　　・人からの介護を受けて行うようになった。　　　　　　　　　　　　a4500.230

(5)　p850 「報酬を伴う仕事」→「参加」で評価
　　　　・会社に復帰した。
　　　　　　　　　　　　　　　　　　　　　　　　　　　　　　　　　　　p850.000

　　　a9201 p9201「スポーツ」→「活動」及び「参加」で評価
　　　　・テニスに対する「活動」について実行状況は「普遍的自立」、ただし、車いすがなければ、
　　　　　行うことが出来ない。　　　　　　　　　　　　　　　　　　　　　a9201.040

　　　　・「参加」については、地域のテニスクラブに所属しており、「活発な参加」を実現している。
　　　　　　　　　　　　　　　　　　　　　　　　　　　　　　　　　　　p9201.040

　　　a4500「短距離歩行」→「活動」で評価　　　　　　　　　　　　　　　a4500.030

Aさんの生活機能の変化の推移
（評価した項目の一部をまとめたもの）

◆活動

	(1)	(2)	(3)	(4)	(5)
a4104「立つこと」	.000	.444	.220	.020	―
a4500「短距離歩行」	.000	―	.430	.230	030
a9201「スポーツ」	.000	―	―	―	.040

◆参加

	(1)	(2)	(3)	(4)	(5)
p850「報酬を伴う仕事」	.000	―	―	.400	.000
p9201「スポーツ」	.000	―	―	.230	.040

付録：ICF詳細分類と定義
「活動」と「参加」(国際生活機能分類(抄))

「活動」と「参加」における分類項目

活動と参加　activities and participation

- 活動(activity)：課題や行為の個人による遂行
- 参加(participation)：生活・人生場面への関わり

第1章　学習と知識の応用　learning and applying knowledge
本章は、学習、学習した知識の応用、思考、問題解決、意思決定を扱う。

第2章　一般的な課題と要求　general tasks and demands
本章は、単一のあるいは多数の課題の遂行、日課の調整、ストレスへの対処についての一般的な側面を扱う。これらの項目は、さまざまな環境下で課題を遂行することの基礎にある特徴を明らかにするために、より特化した課題や行為と結びつけて用いることができる。

第3章　コミュニケーション　communication
本章は、メッセージを受け取ることや生み出すこと、会話の遂行、コミュニケーション器具や技術の使用を含む、言語、記号、シンボルによるコミュニケーションの一般的および特定の特徴を扱う。

第4章　運動・移動　mobility
本章は、姿勢あるいは位置を変化させることや、ある場所から他の場所へと乗り移ること（移乗）、物を運び、動かし、操作すること、歩き、走り、昇降すること、さまざまな交通手段を用いることによる移動を扱う。

第5章　セルフケア　self-care
本章は、自分の身体をケアすること、自分の身体を洗って拭き乾かすこと、自分の全身や身体各部の手入れをすること、更衣をすること、食べること、飲むことなど、自分の健康管理に注意することを扱う。

第6章　家庭生活　domestic life
本章は、家庭における日々の活動や課題の遂行を扱う。家庭生活の領域とは、住居、食料、衣服、その他の必需品を入手したり、掃除や修繕をしたり、個人的にその他の家庭用品を手入れすることや、他者を支援することを含む。

第7章　対人関係　interpersonal interactions and relationships
本章は、状況に見合った社会的に適切な方法を用いて、人々（よく知らない人、友人、親戚、家族、恋人）と、基本的で複雑な相互関係をもつために必要とされる行為や課題の遂行について扱う。

第8章　主要な生活領域　major life areas
本章は、教育、仕事と雇用に携わり、経済的取引きを行うために必要とされる課題や行為に従事したり、遂行することを扱う。

第9章　コミュニティライフ・社会生活・市民生活　community, social and civic life
本章は、家族外での組織化された社会生活、コミュニティライフ、社会生活や市民生活の種々の分野に従事するのに必要な行為や課題を扱う。

活動と参加　activities and participation

定義：**活動**　activity とは，課題や行為の個人による遂行のことである。
　　　参加　participation とは，生活・人生場面 (life situation) への関わりのことである。
　　　活動制限　activity limitations とは，個人が活動を行うときに生じる難しさのことである。
　　　参加制約　participation restrictions とは，個人が何らかの生活・人生場面に関わるときに経験する難しさのことである。

評価点

　活動と参加は，生活の全ての領域（「注意して視ること」や「基本的学習」から，「社会課題」のような複合的なものまでを含む）を網羅する単一のリストで示されている。この構成要素は，(a)「活動」(activities)，(p)「参加」(participation)，またはその両者を示すために用いることができる。

　活動と参加の構成要素に対しては2つの評価点がある。ひとつは活動と参加が実際に行われている状況（以下「実行状況」〈performance〉という）の評価点であり，もうひとつは「能力」(capacity)の評価点である。「実行状況」の評価点とは，個人が現在の環境のもとで行っている活動や参加を表すものである。現在の環境は，社会的状況を含むため，この評価点で示される実行状況は，その人の実際生活の背景における「生活・人生場面への関わり」あるいは「生活経験」としても理解することができる。この背景には，環境因子，すなわち物的側面，社会的側面，人々の社会的な態度の側面などの全ての側面が含まれており，「環境因子」の分類を用いてコード化することができる。

　「能力」の評価点とは，ある課題や行為を遂行する個人の能力を表すものである。この評価点は，ある領域について，ある時点で達成することができる最高の生活機能レベルを示す。能力は，画一的・標準的な環境において評価されるものであり，環境により調整された個人の能力を反映する。環境因子を，この画一的・標準的な環境の特徴を示すために用いることができる。

1. 学習と知識の応用 learning and applying knowledge

本章は，学習，学習した知識の応用，思考，問題解決，意思決定を扱う。

目的をもった感覚的経験　purposeful sensory experiences（d 110- d 129）

d 110　注意して視ること　watching

　視覚刺激を経験するために，意図的に視覚を用いること。例えば，スポーツ行事や子どもが遊んでいるのを注視すること。

d 115　注意して聞くこと　listening

　聴覚刺激を経験するために，意図的に聴覚を用いること。例えば，ラジオ，音楽，講義を注意して聞くこと。

d 120　その他の目的のある感覚　other purposeful sensing

　刺激を経験するために，意図的に身体のその他の（視る，聞く以外の）基本的な感覚を用いること。例えば，質感を触って感じること，甘みを味わうこと，花のにおいを嗅ぐこと。

d 129　その他の特定の，および詳細不明の，目的をもった感覚経験　purposeful sensory experiences, other specified and unspecified

基礎的学習　basic learning（d 130- d 159）

d 130　模倣　copying

　学習の基礎的な構成要素としての真似や物まね。例えば，ジェスチャー，音，アルファベットの文字の模倣。

d 135　反復　rehearsing

　学習の基礎的な構成要素として，一連の出来事やシンボルを繰り返すこと。例えば，10 まで数えること，詩の朗読をすること。

1. 学習と知識の応用

d 140　読むことの学習　learning to read

　　書かれたもの（点字を含む）を流暢で正確に読む能力を発達させること。例えば，文字やアルファベットを認識すること。単語を正しい発音で発語すること。単語や句を理解すること。

d 145　書くことの学習　learning to write

　　意味を伝えるために，音，単語，句を表す記号（点字を含む「シンボル」）を作る能力を発達させること。例えば，効果的に綴ること，正しい文法を用いること。

d 150　計算の学習　learning to calculate

　　数を活用したり，単純もしくは複雑な数学的演算を行う能力を発達させること。例えば，加法や減法の数学的記号を用いること，問題に対し正しい数学的演算を適用すること。

d 155　技能の習得　acquiring skills

　　技能の習得を開始し，遂行するために，統合された一連の行為や課題について，基本的あるいは複雑な能力を発達させること。例えば，道具を扱うこと，チェスなどのゲームで遊ぶこと。

　　含まれるもの：基本的および複雑な技能の習得。

　d 1550　**基本的な技能の習得**　acquiring basic skills

　　　　基本的で目的のある行為の学習。例えば，食事に用いる箸やナイフ・フォーク，鉛筆，または簡単な道具の操作を学習すること。

　d 1551　**複雑な技能の習得**　acquiring complex skills

　　　　統合された一連の行為を学習することで，規則に従い，自分の動きを順序だてて協調させることができるようになること。例えば，フットボールなどの試合をすることや，建築用の道具を使うことを学習すること。

　d 1558　**その他の特定の，技能の習得**　acquiring skills, other specified

　d 1559　**詳細不明の，技能の習得**　acquiring skills, unspecified

d 159　その他特定の，および詳細不明の，基礎的学習　basic learning, other specified and unspecified

知識の応用　applying knowledge（d 160-d 179）

d 160　注意を集中すること　focusing attention

　　特定の刺激に意図的に集中すること。例えば，気を散らすような音に気を向けないこと。

1. 学習と知識の応用

d 163　思考　thinking

目標に向けた，あるいは目標をもたない概念や観念，イメージを，一人であるいは他人と一緒に形成し操作すること。例えば，小説の創作，定理の証明，思い巡らすこと，ブレインストーミング，沈思，熟考，思索，反省。

除かれるもの：問題解決（d 175），意思決定（d 177）。

d 166　読むこと　reading

一般的な知識あるいは特定の情報を得る目的で，書かれた言語（例：文字や点字で表記された本，使用説明書，新聞）の理解や解釈といった活動を遂行すること。

除かれるもの：読むことの学習（d 140）。

d 170　書くこと　writing

情報を伝えるために記号や言語を用いたり，新たに生み出すこと。例えば，出来事や概念の記録を書くこと，手紙の下書きをすること。

除かれるもの：書くことの学習（d 145）。

d 172　計算　calculating

言葉で示された問題を解くために数学的原理を応用して計算を遂行したり，その結果を出したり示したりすること。例えば，3つの数の加算をすること，ある数を他の数で割った結果を出すこと。

除かれるもの：計算の学習（d 150）。

d 175　問題解決　solving problems

問題や状況の解決法を見出すことであり，問題の同定や分析，選択肢や解決法の展開，解決法から予期される効果の評価，選択した解決法の遂行によってなされる。例えば，2者間の論争を解決すること。

含まれるもの：単純もしくは複雑な問題の解決。

除かれるもの：思考（d 163），意思決定（d 177）。

　d 1750　**単純な問題の解決**　solving simple problems

　　　単一の問題や疑問を含む単純な問題の解決法を見出すこと。問題の同定や分析，解決法の展開，解決法から予期される効果の評価，選択した解決法の遂行によってなされる。

　d 1751　**複雑な問題の解決**　solving complex problems

　　　複合的および相互に関係する問題，いくつかの関連した問題を含む，複雑な問題の解決法を見出すこと。問題の同定や分析，解決法の展開，解決法から予期される効果の評価，選択した解決法の遂行によってなされる。

　d 1758　**その他の特定の問題解決**　solving problems, other specified

d 1759　詳細不明の問題解決　solving problems, unspecified

d 177　意思決定　making decisions

　　選択肢の中からの選択，選択の実行，選択の効果の評価を行うこと。例えば，特定の品目を選んで，購入すること。なすべきいくつかの課題の中から1つの課題の遂行を決定したり，遂行すること。

　除かれるもの：思考（d 163），問題解決（d 175）。

d 179　その他の特定の，および詳細不明の，知識の応用　applying knowledge, other specified and unspecified

d 198　その他の特定の，学習と知識の応用　learning and applying knowledge, other specified

d 199　詳細不明の，学習と知識の応用　learning and applying knowledge, unspecified

2. 一般的な課題と要求　general tasks and demands

　本章は，単一のあるいは多数の課題の遂行，日課の調整，ストレスへの対処についての一般的な側面を扱う。これらの項目は，さまざまな環境下で課題を遂行することの基礎にある特徴を明らかにするために，より特化した課題や行為と結びつけて用いることができる。

d210　単一課題の遂行　undertaking a single task

　単一の課題を構成しているさまざまな精神的および身体的な要素に関連した，単純な行為または複雑で調整された行為を遂行すること。例えば，1つの課題への着手や，1つの課題のために必要な時間，空間，材料の調整。課題遂行のペースの決定。1つの課題の遂行，完成，維持。

含まれるもの：1つの単純もしくは複雑な課題の遂行。単一の課題を単独に，もしくはグループで遂行すること。

除かれるもの：技能の習得（d155），問題解決（d175），意思決定（d177），複数課題の遂行（d220）。

d2100　**単純な単一課題の遂行**　undertaking a simple task
　　単純な単一の課題を行うのに必要な時間や空間を準備，着手，調整すること。一つの主要な構成要素からなる単純な単一課題を遂行すること。例えば，本を読むこと，手紙を書くこと，ベッドを整えること。

d2101　**複雑な単一課題の遂行**　undertaking a complex task
　　複雑な単一の課題を行うのに必要な時間や空間を準備，着手，調整すること。順次にあるいは同時に行われる2つ以上の構成要素からなる複雑な単一の課題を遂行すること。例えば，自宅の家具を配置すること，学校の宿題をすること。

d2102　**単独での単一課題の遂行**　undertaking a single task independently
　　独力で他者の援助なしに，単純もしくは複雑な単一の課題を行うのに必要な時間や空間を準備，着手，調整すること。

d2103　**グループでの単一課題の遂行**　undertaking a single task in a group
　　単純もしくは複雑な単一の課題を，その一部または全段階を他者と協力しながら行うのに必要な時間や空間を準備，着手，調整すること。

d2108　**その他の特定の，単一課題の遂行**　undertaking single tasks, other specified

d2109　**詳細不明の，単一課題の遂行**　undertaking single tasks, unspecified

d 220 複数課題の遂行　undertaking multiple tasks

順次あるいは同時に行うべき，多数の統合され複雑な課題があり，それを構成するさまざまな要素としての，単純な行為または複雑で調整された行為を遂行すること。

含まれるもの：複数課題の遂行，複数課題の達成，複数課題を単独に，もしくはグループで遂行すること。

除かれるもの：技能の習得（d 155），問題解決（d 175），意思決定（d 177），単一課題の遂行（d 210）。

d 2200　複数課題の遂行　carrying out multiple tasks

いくつかの課題を同時あるいは順次に行うのに必要な時間や空間を準備，着手，調整し，またそれらの課題を管理し，遂行すること。

d 2201　複数課題の達成　completing multiple tasks

いくつかの課題を同時または順次に達成すること。

d 2202　単独での複数課題の遂行　undertaking multiple tasks independently

いくつかの課題を同時または順次に，独力で他者の援助なしに行うのに必要な時間や空間を準備，着手，調整し，また複数の課題を管理し，遂行すること。

d 2203　グループでの複数課題の遂行　undertaking multiple tasks in a group

いくつかの課題を同時または順次に，その一部または全段階を他者と協力しながら行うのに必要な時間や空間を準備，着手，調整し，また複数の課題を管理し，遂行すること。

d 2208　その他の特定の，複数課題の遂行　undertaking multiple tasks, other specified

d 2209　詳細不明の，複数課題の遂行　undertaking multiple tasks, unspecified

d 230　日課の遂行　carrying out daily routine

日々の手続きや義務に必要なことを，計画，管理，達成するために，単純な行為または複雑で調整された行為を遂行すること。例えば，1日を通してのさまざまな活動の時間を配分し，計画を立てること。

含まれるもの：日課の管理，達成，自分の活動レベルの管理。

除かれるもの：複数課題の遂行（d 220）。

d 2301　日課の管理　managing daily routine

日々の手続きや義務に必要なことを計画し，管理するために，単純な行為または複雑で調整された行為を遂行すること。

d 2302　日課の達成　completing the daily routine

日々の手続きや義務に必要なことを達成するために，単純な行為または複雑で調整された行為を遂行すること。

d 2303　自分の活動レベルの管理　managing one's own activity level

日々の手続きや義務に必要なエネルギーや時間を調整するための，行為や行動を遂行すること。

d2308　その他の特定の，日課の遂行　carrying out daily routine, other specified

d2309　詳細不明の，日課の遂行　carrying out daily routine, unspecified

d240 ストレスとその他の心理的要求への対処　handling stress and other psychological demands

責任重大で，ストレス，動揺，危機を伴うような課題の遂行に際して，心理的要求をうまく管理し，統制するために求められる，単純な行為または複雑で調整された行為を遂行すること。例えば，交通渋滞の中で乗り物を運転すること。多数の子どもの世話をすること。

含まれるもの：責任への対処，ストレスや危機の対処。

d2400　**責任への対処**　handling responsibilities

課題遂行の責任を管理し，これらの責任が要求するものを査定するための，単純な行為または複雑で調整された行為を遂行すること。

d2401　**ストレスへの対処**　handling stress

課題遂行に関連したプレッシャー，非常事態，ストレスにうまく対処するために求められる，単純な行為または複雑で調整された行為を遂行すること。

d2402　**危機への対処**　handling crisis

急激に起こった危険や困難にさらされた状況や時間において，決定的な転機にうまく対処するために求められる，単純な行為または複雑で調整された行為を遂行すること。

d2408　その他の特定の，ストレスとその他の心理的要求への対処　handling stress and other psychological demands, other specified

d2409　詳細不明の，ストレスとその他の心理的要求への対処　handling stress and other psychological demands, unspecified

d298 その他の特定の，一般的な課題と要求　general tasks and demands, other specified

d299 詳細不明の，一般的な課題と要求　general tasks and demands, unspecified

3. コミュニケーション communication

　本章は，メッセージを受け取ることや生み出すこと，会話の遂行，コミュニケーション器具や技術の使用を含む，言語，記号，シンボルによるコミュニケーションの一般的および特定の特徴を扱う。

コミュニケーションの理解　communicating-receiving（d 310- d 329）

d 310　話し言葉の理解　communicating with-receiving-spoken messages
　　話し言葉（音声言語）のメッセージに関して，字句通りの意味や言外の意味を理解すること。例えば，言明が事実を述べるものか，慣用表現かを理解すること。

d 315　非言語的メッセージの理解　communicating with-receiving-nonverbal messages
　　ジェスチャー，シンボル，絵によって伝えられるメッセージに関して，字句通りの意味や言外の意味を理解すること。例えば，子どもが目をこするのを疲れているのだと理解したり，非常ベルが火事を意味していると理解すること。
　　含まれるもの：ジェスチャー，一般的な記号とシンボル，または絵と写真の理解。

　d 3150　**ジェスチャーの理解**　communicating with-receiving-body gestures
　　　　顔の表情，手の動きやサイン，姿勢，その他のボディランゲージによって伝えられる意味を理解すること。

　d 3151　**一般的な記号とシンボルの理解**　communicating with-receiving-general signs and symbols
　　　　公共の記号やシンボルによって表される意味を理解すること。例えば，交通標識，警告表示，楽譜，科学的記号，図像（アイコン）などの理解。

　d 3152　**絵と写真の理解**　communicating with-receiving-drawings and photographs
　　　　絵（例えば，線画，グラフィックデザイン，絵画，三次元表示），グラフ，表，写真によって表される意味を理解すること。例えば，身長表の上向き線は子どもの成長を表すことを理解すること。

　d 3158　**その他の特定の，非言語的メッセージの理解**　communicating with-receiving-nonverbal messages, other specified

　d 3159　**詳細不明の，非言語的メッセージの理解**　communicating with-receiving-nonverbal messages, unspecified

3. コミュニケーション

d 320 公式手話によるメッセージの理解　communicating with-receiving-formal sign language messages

　字句通りの意味や言外の意味をもつ公式手話のメッセージを受け取り，理解すること。

d 325 書き言葉によるメッセージの理解　communicating with-receiving-written messages

　書き言葉（点字を含む）によって伝えられるメッセージに関して，字句通りの意味や言外の意味を理解すること。例えば，日刊新聞で政治的な出来事を理解したり，宗教の経典の内容を理解すること。

d 329 その他の特定の，および詳細不明の，コミュニケーションの理解　communicating-receiving, other specified and unspecified

コミュニケーションの表出　communicating-producing（d 330-d 349）

d 330 話すこと　speaking

　字句通りの意味や言外の意味をもつ，話し言葉（音声言語）によるメッセージとして，語，句，または文章を生み出すこと。例えば，話し言葉として事実を表現したり，物語を話すこと。

d 335 非言語的メッセージの表出　producing nonverbal messages

　メッセージを伝えるために，ジェスチャー，シンボル，絵を用いること。例えば，賛成でないことを示すために頭を横に振ること。事実や複雑な概念を伝えるために絵や図を描くこと。

　含まれるもの：ジェスチャー，記号とシンボル，絵と写真による表出。

　d 3350　ジェスチャーによる表出　producing body language

　　　顔のジェスチャー（例えば，笑顔，しかめ面，困り顔），腕と手の動きと姿勢（例えば，愛情を示すための抱擁）などの身体の動きによって意味を伝えること。

　d 3351　記号とシンボルによる表出　producing signs and symbols

　　　記号，シンボル（例えば，図像（アイコン），ブリスシンボル，科学記号），象徴的な記号表記法を用いて意味を伝えること。例えば，メロディを伝えるために楽譜を用いること。

　d 3352　絵と写真による表出　producing drawings and photographs

　　　描画，絵画，スケッチ，作図，図解，写真によって意味を伝えること。例えば，ある場所への方向を教えるために地図を描くこと。

　d 3358　その他の特定の，非言語的メッセージの表出　producing nonverbal messages,

3. コミュニケーション

other specified

 d 3359 詳細不明の，非言語的メッセージの表出 producing nonverbal messages, unspecified

d 340 公式手話によるメッセージの表出 producing messages in formal sign language

 公式手話によって，字句通りの意味や言外の意味を伝えること。

d 345 書き言葉によるメッセージの表出 writing messages

 書き言葉を通して伝えられるメッセージの，字句通りの意味や言外の意味を生み出すこと。例えば，友人に手紙を書くこと。

d 349 その他の特定の，および詳細不明の，コミュニケーションの表出 communication-producing, other specified and unspecified

会話並びにコミュニケーション用具および技法の利用　conversation and use of communication devices and techniques（d 350- d 369）

d 350 会話 conversation

 話し言葉(音声言語)，書き言葉，記号，その他の方法の言語を用いて行われる，考えやアイデアの交換を開始し，持続し，終結すること。公的場面や日常生活の場面で，知り合いまたはよく知らない人と，1人または複数の人とで行われる。

 含まれるもの：会話の開始，持続，終結。一対一または多人数での会話。

 d 3500 会話の開始 starting a conversation

  対話や意見交換を開始すること。例えば，自己紹介，慣習的な挨拶，話題の導入，質問すること。

 d 3501 会話の持続 sustaining a conversation

  対話や意見交換を持続し，形成すること。アイデアを加えたり，新たな話題を導入したり，既に言及された話題に戻ったり，交互に話したり身振りしたりすることによる。

 d 3502 会話の終結 ending a conversation

  対話や意見交換を終わらせること。慣習的な終結の辞や表現や，討議中の話題を終結することによる。

 d 3503 一対一での会話 conversing with one person

  1人の人と，対話や意見交換を開始し，持続し，形成し，終結すること。例えば，友人と天気について話すこと。

3. コミュニケーション

d 3504　多人数での会話　conversing with many people
　　　　2人以上の人と，対話あるいは意見交換を開始し，持続し，形成，終結すること。例えば，グループでの意見交換を開始し，参加すること。

d 3508　その他の特定の会話　conversation, other specified

d 3559　詳細不明の会話　conversation, unspecified

d 355　ディスカッション　discussion
　　事柄の吟味を，賛成あるいは反対の議論や討論によって開始し，持続し，終結すること。話し言葉(音声言語)，書き言葉，記号，その他の形式の言葉を用いて，公的な場面や日常生活の場面で，知り合いまたはよく知らない人と，1人または複数の人とで行われる。
　　含まれるもの：一対一，または多人数でのディスカッション。

d 3550　一対一でのディスカッション　discussion with one person
　　　　1人の人と，議論や討論を開始し，持続し，形成し，終結すること。

d 3551　多人数でのディスカッション　discussion with many people
　　　　2人以上の人と，議論や討論を開始し，持続し，形成し，終結すること。

d 3558　その他の特定のディスカッション　discussion, other specified

d 3559　詳細不明のディスカッション　discussion, unspecified

d 360　コミュニケーション用具および技法の利用　using communication devices and techniques
　　コミュニケーションのために，器具や技法，その他の手段を用いること。例えば，電話で友人と話すこと。
　　含まれるもの：遠隔通信用具の利用，書字用具の利用，コミュニケーション技法の利用。

d 3600　遠隔通信用具の利用　using telecommunication devices
　　　　コミュニケーションの手段として，電話やその他の用具を用いること。例えば，ファックスやテレックスを使用すること。

d 3601　書字用具の利用　using writing machines
　　　　コミュニケーションの手段として，書字用具を用いること。例えば，タイプライター，コンピュータ，点字タイプライターを使用すること。

d 3602　コミュニケーション技法の利用　using communication techniques
　　　　コミュニケーションのための技法となる行為や課題を遂行すること。例えば，読唇術。

d 3608　その他の特定の，コミュニケーション用具および技法の利用　using communication devices and techniques, other specified

d 3609　詳細不明の，コミュニケーション用具および技法の利用　using communication devices and techniques, unspecified

d 369 その他の特定の，および詳細不明の，会話とコミュニケーション用具および技法の利用　conversation and use of communication devices and techniques, other specified and unspecified

d 398 その他の特定のコミュニケーション　communication, other specified

d 399 詳細不明のコミュニケーション　communication, unspecified

4. 運動・移動 mobility

　本章は，姿勢あるいは位置を変化させることや，ある場所から他の場所へと乗り移ること（移乗），物を運び，動かし，操作すること，歩き，走り，昇降すること，さまざまな交通手段を用いることによる移動を扱う。

姿勢の変換と保持　changing and maintaining body position（d 410-d 429）

d 410　**基本的な姿勢の変換**　changing basic body position

　　ある姿勢になること。ある姿勢をやめること。ある位置から他の位置への移動。例えば，椅子から立ち上がってベッドに横になること。ひざまずいたり，しゃがむことやその姿勢をやめること。

　　含まれるもの：横たわったり，しゃがんだり，ひざまずいたり，座ったり，立ったり，体を曲げたり，重心を移動した状態から，姿勢を変えること。

　　除かれるもの：乗り移り（移乗）（d 420）。

　d 4100　**横たわること**　lying down

　　　横たわった姿勢になることや，その姿勢をやめること。水平な姿勢から，立位や座位などの他の姿勢に変わること。

　　　含まれるもの：腹這いになること。

　d 4101　**しゃがむこと**　squatting

　　　床の高さのトイレを使うために必要な姿勢をとる時のように，膝を折って臀部を座面や踵につけて座ったりしゃがんだりした姿勢をとることや，その姿勢をやめること。あるいはその姿勢から他の姿勢に変わること（例えば立ち上がることなど）。

　d 4102　**ひざまずくこと**　kneeling

　　　（教会で）祈る時のように，脚を曲げて膝で身体を支えるような姿勢になることや，その姿勢をやめること。あるいはその姿勢から立位などの他の姿勢に変わること。

　d 4103　**座ること**　sitting

　　　座位になったり，その姿勢をやめること。また，その姿勢から立位あるいは臥位などの他の姿勢に変わること。

　　　含まれるもの：脚を曲げて，あるいは組んで座ること。足をついてあるいは足を浮かして座ること。

d 4104　**立つこと**　standing

　　立位になったり，立位をやめること。また，立った姿勢から臥位や座位などの他の姿勢に変わること。

d 4105　**体を曲げること**　bending

　　お辞儀をしたり，下の物を取るように，体幹部で背を下方または側方に傾けること。

d 4106　**体の重心を変えること**　shifting the body's centre of gravity

　　立っている時に一方の足から他方の足へと重心を移す時のように，座っている時，立っている時，横になっている時に，体重をある場所から別の場所へと調整あるいは移すこと。

　　除かれるもの：乗り移り（移乗）（d 420），歩行（d 450）。

d 4108　**その他の特定の，基本的な姿勢の変化**　changing basic body position, other specified

d 4109　**詳細不明の，基本的な姿勢の変化**　changing basic body position, unspecified

d 415　姿勢の保持　maintaining a body position

　　仕事や授業で座ったままでいたり，立ったままでいる時のように，必要に応じて同じ姿勢を保つこと。

　　含まれるもの：臥位，しゃがみ位，ひざまずいた姿勢，座位，立位の保持。

d 4150　**臥位の保持**　maintaining a lying position

　　ベッドで腹這いのままでいる時のように，必要に応じて一定の時間，臥位を保つこと。

　　含まれるもの：腹臥位（うつぶせ），背臥位（あおむけ），側臥位（横むき寝）を保つこと。

d 4151　**しゃがみ位の保持**　maintaining a squatting position

　　床に椅子なしで座っている時にように，必要に応じて一定の時間，しゃがみ位を保つこと。

d 4152　**ひざまずいた姿勢の保持**　maintaining a kneeling position

　　教会で祈っている時のように，必要に応じて一定の時間，脚を曲げて膝で身体を支えるようなひざまずいた姿勢を保つこと。

d 4153　**座位の保持**　maintaining a sitting position

　　机やテーブルに座っている時のように，必要に応じて一定の時間，椅子または床に座位を保つこと。

　　含まれるもの：脚を伸ばして，あるいは組んで座っていること。足を床について，あるいは足を浮かして座っていること。

d 4154　**立位の保持**　maintaining a standing position

　　列に並んで立っている時のように，必要に応じて一定の時間，立位を保つこと。

含まれるもの：斜面や滑りやすい床面，堅い床面上で立位を保つこと。

　　d 4158　　その他の特定の，姿勢の保持　maintaining a body position, other specified

　　d 4159　　詳細不明の，姿勢の保持　maintaining a body position, unspecified

d 420　乗り移り（移乗）　transferring oneself

姿勢を変えずにベンチの上で横に移動する時や，ベッドから椅子への移動の時のように，ある面から他の面へと移動すること。

含まれるもの：座位あるいは臥位のままでの乗り移り。

除かれるもの：基本的な姿勢の変換（d 410）。

　　d 4200　　座位での乗り移り　transferring oneself while sitting

椅子からベッドへと移動する時のように，ある面に座った状態から，同等あるいは異なる高さの他の座面へと移動すること。

含まれるもの：座った状態から，便座などの他の座位への移動，車椅子から車の座席への移動。

除かれるもの：基本的な姿勢の変換（d 410）。

　　d 4201　　臥位での乗り移り　transferring oneself while lying

あるベッドから他のベッドへの移乗の時のように，ある位置で横たわった状態から，同じもしくは異なる高さの他の臥位へと移動すること。

除かれるもの：基本的な姿勢の変換（d 410）。

　　d 4208　　その他の特定の乗り移り　transferring oneself, other specified

　　d 4209　　詳細不明の乗り移り　transferring oneself, unspecified

d 429　その他の特定の，および詳細不明の，姿勢の変換と保持　changing and maintaining body position, other specified and unspecified

物の運搬・移動・操作　carrying, moving and handling objects（d 430-d 449）

d 430　持ち上げることと運ぶこと　lifting and carrying objects

カップを持ち上げたり，子どもをある部屋から別の部屋へ運ぶ時のように，物を持ち上げること，ある場所から別の場所へと物を持っていくこと。

含まれるもの：持ち上げること。手に持ったり，腕に抱えたり，肩や腰，背中，頭の上に載せて運搬すること。物を置くこと。

　　d 4300　　持ち上げる　lifting

テーブルからグラスを持ち上げることのように，低い位置から高い位置へと動かすために，物を持ち上げること。

　　d 4301　　手に持って運ぶ　carrying in the hands

4. 運動・移動

コップやスーツケースを運ぶことのように，手を使って，物をある場所から別の場所へと持っていく，あるいは移動させること。

- d 4302 **腕に抱えて運ぶ** carrying in the arms

    子どもを運ぶことのように，腕と手を使って，物をある場所から別の場所へと持っていく，あるいは移動させること。

- d 4303 **肩・腰・背に担いで運ぶ** carrying on shoulders, hip and back

    大きな荷物を運ぶことのように，肩，腰，背を使って，物をある場所から別の場所へと持っていく，あるいは移動させること。

- d 4304 **頭の上にのせて運ぶ** carrying on the head

    水の入った容器を頭の上にのせて運ぶことのように，頭部を使って，物をある場所から別の場所へと持っていく，あるいは移動させること。

- d 4305 **物を置く** putting down objects

    水の入った容器を地面に置くことのように，手や腕，その他の身体の部分を使って，物をあるものの上やある場所に置くこと。

- d 4308 **その他の特定の，持ち上げて運ぶこと** lifting and carrying, other specified
- d 4309 **詳細不明の，持ち上げて運ぶこと** lifting and carrying, unspecified

d 435 下肢を使って物を動かすこと moving objects with lower extremities

ボールを蹴ることや自転車のペダルを漕ぐことのように足を使って，物を動かすことを目的とした協調性のある行為を遂行すること。

含まれるもの：足で押す，蹴る。

- d 4350 **下肢で押すこと** pushing with lower extremities

    足で椅子を押しのけることのように，足を使って，物に力を及ぼして遠ざけること。

- d 4351 **蹴ること** kicking

    ボールを蹴ることのように，足を使って，物をつきとばすこと。

- d 4358 **その他の特定の，下肢を使って物を動かすこと** moving objects with lower extremities, other specified
- d 4359 **詳細不明の，下肢を使って物を動かすこと** moving objects with lower extremities, unspecified

d 440 細かな手の使用 fine hand use

テーブルの上の硬貨を取り上げたり，ダイヤルや把手を回すのに必要な動きのように，手と手指を用いて，物を扱ったり，つまみあげたり，操作したり，放したりといった協調性のある行為を遂行すること。

含まれるもの：つまみあげること，握ること，操作すること，放すこと。

除かれるもの：持ち上げることと運ぶこと（d 430）。

4. 運動・移動

- d 4400 つまみあげること　picking up

    鉛筆をつまみ上げることのように，手と手指を用いて，小さな物を持ち上げたり，取り上げること。

- d 4401 握ること　grasping

    道具やドアの把手を握ることのように，片手または両手を用いて，物をつかんだり，持つこと。

- d 4402 操作すること　manipulating

    コインや小さな物を扱うことのように，手指と手を使って，物をあやつること。

- d 4403 放すこと　releasing

    衣類を落とすことのように，落としたり，位置を変化させるために，手指と手を使って物を離すこと。

- d 4408 その他の特定の，細かな手の使用　fine hand use, other specified
- d 4409 詳細不明の，細かな手の使用　fine hand use, unspecified

d 445　手と腕の使用　hand and arm use

ドアの把手を回したり，物を投げたりつかまえる時のように，手と腕を使って，物を動かしたり操作するのに必要な協調性のある行為を遂行すること。

含まれるもの：物を押したり引いたりすること，手を伸ばすこと，手や腕を回しひねること，投げること，つかまえること。

除かれるもの：細かな手の使用（d 440）。

- d 4450 引くこと　pulling

    閉まったドアを引くことのように，手指や手，腕を使って，物を自分の方向に引きよせたり，ある場所から他の場所へと動かすこと。

- d 4451 押すこと　pushing

    ある動物を押しのける時のように，手指や手，腕を使って，物を自分から遠ざける方向に動かしたり，ある場所から他の場所へと動かすこと。

- d 4452 手を伸ばすこと　reaching

    本を取ろうとテーブルや机の向こう側へ手を伸ばすように，手と腕を使って，物の方に伸ばしたり，触ったり，握ったりすること。

- d 4453 手や腕を回しひねること　turning or twisting the hands or arms

    道具や用具を使うために必要な手の動きのように，手指や手，腕を使って，物を回転させたり，回したり，曲げたりすること。

- d 4454 投げること　throwing

    ボールを投げることのように，手指や手，腕を使って，物を持ち上げ，力を加えて空中に放ること。

- d 4455 つかまえること　catching

    ボールを受け取ることのように，手指や手，腕を使って，動いている物をつか

まえたり，止めたり，把持すること。

d 4458 　その他の特定の，手と腕の使用　hand and arm use, other specified

d 4459 　詳細不明の，手と腕の使用　hand and arm use, unspecified

d 449　その他の特定の，および詳細不明の，物の運搬・移動・操作　carrying, moving and handling objects, other specified and unspecified

歩行と移動　walking and moving（d 450–d 469）

d 450　歩行　walking

常に片方の足が地面についた状態で，一歩一歩，足を動かすこと。例えば，散歩，ぶらぶら歩き，前後左右への歩行。

含まれるもの：短距離あるいは長距離の歩行，さまざまな地面あるいは床面上の歩行，障害物を避けての歩行。

除かれるもの：乗り移り（移乗）（d 420），移動（d 455）。

d 4500 　短距離歩行　walking short distances

1 キロメートル未満の歩行。例えば，部屋や廊下，建物の中，屋外の短距離の歩行。

d 4501 　長距離歩行　walking long distances

1 キロメートル以上の歩行。例えば，村内あるいは町内の歩行，村から村への歩行，広々とした土地での歩行。

d 4502 　さまざまな地面や床面上の歩行　walking on different surfaces

傾斜したり，凹凸があったり，あるいは動く床面での歩行。例えば，草の上，砂利，氷，雪の上での歩行。船，電車，その他の乗り物の上または中での歩行。

d 4503 　障害物を避けての歩行　walking around obstacles

動いていたり静止している物，人，動物，乗り物などを避けるために必要な歩行。例えば，市場あるいは店の中での歩行。交通渋滞やその他の混雑した場所での歩行。

d 4508 　その他の特定の歩行　walking, other specified

d 4509 　詳細不明の歩行　walking, unspecified

d 455　移動　moving around

歩行以外の方法によって，ある場所から別の場所へと身体全体を移動させること。例えば，岩を登る，通りを駆ける，スキップする，疾走する，跳ぶ，とんぼ返りする，障害物の周囲を走り回る。

含まれるもの：這うこと，登り降りすること，走ること，ジョギングすること，跳ぶこ

4. 運動・移動

と，水泳。

除かれるもの：乗り移り（移乗）（d 420），歩行（d 450）。

- d 4550 **這うこと** crawling

  手や腕，それと膝を使って，うつぶせのままで身体全体をある場所から別の場所へと移動させること。

- d 4551 **登り降りすること** climbing

  段，岩，梯子，階段，舗道の縁石などの床面やその他の物の上で，身体全体を上方あるいは下方へと移動させること。

- d 4552 **走ること** running

  両方の足が同時に地面から離れている時がある素早い足どりで移動すること。

- d 4553 **跳ぶこと** jumping

  両足を曲げて伸ばすことによって地面から離れ，上方に動くこと。例えば，片足でのジャンプ，ホップ，スキップ，水中へのジャンプや飛び込み。

- d 4554 **水泳** swimming

  身体を水底につけない状態で，手足や全身の動きにより，水中を進めること。

- d 4558 **その他の特定の移動** moving around, other specified

- d 4559 **詳細不明の移動** moving around, unspecified

d 460 さまざまな場所での移動　moving around in different locations

さまざまな場所や状況での歩行や移動。例えば，家の中の部屋から部屋への歩行。屋内での歩行。街路を歩くこと。

含まれるもの：自宅内での移動，自宅以外の屋内移動，屋外の移動。

- d 4600 **自宅内の移動** moving around within the home

  自宅内，部屋の中，部屋から部屋へ，また住宅あるいはアパート・マンション等の周囲における歩行や移動。

  含まれるもの：別の階への移動。バルコニー，中庭，ポーチ，庭園での移動。

- d 4601 **自宅以外の屋内移動** moving around within buildings other than home

  自宅以外の屋内の歩行や移動。例えば，他人の住宅やその他の私的建物，コミュニティ用の私的あるいは公共建物，囲いこまれた区域内での移動。

  含まれるもの：建物や囲いこまれた区域内のあらゆる部分での移動，すなわち公共あるいは私的な建物の，異なる階の間，内部，外部，周囲での移動。

- d 4602 **屋外の移動** moving around outside the home and other buildings

  自宅や他の建物の近辺，あるいは離れた場所での，公共あるいは私的交通機関を用いない歩行と移動。例えば，町や村の中を，短距離あるいは長距離歩くこと。

  含まれるもの：近隣，町，村，市街地の街路の歩行と移動。交通機関を利用しない，都市間あるいは更に長い距離の移動。

- d 4608 **その他の特定の，さまざまな場所での移動** moving around in different locations, other specified

d 4609　詳細不明の，さまざまな場所での移動　moving around in different locations, unspecified

d 465　用具を用いての移動　moving around using equipment
　　移動を容易にしたり，ふつうと違う移動方法を可能にするように設計された特別な用具を用いて，ある場所から別の場所へとどのような歩行面や空間であろうと，全身を移動させること。例えば，スケート，スキー，スキューバダイビング用具などを使っての移動，車椅子や歩行器を使って通りを移動すること。
　　除かれるもの：乗り移り（移乗）（d 420），歩行（d 450），移動（d 455），交通機関や手段の利用（d 470），運転や操作（d 475）。

d 469　その他の特定の，および詳細不明の，歩行と移動　walking and moving, other specified and unspecified

交通機関や手段を利用しての移動　moving around using transportation (d 470 - d 489)

d 470　交通機関や手段の利用　using transportation
　　移動のために，乗客として交通機関や手段を用いること。例えば，自動車，バス，人力車，ミニバス，動物，動物の力による乗り物，私的なあるいは公共のタクシー，バス，電車，路面電車，地下鉄，船や飛行機に乗ること。
　　含まれるもの：人力による交通手段の利用。動力つきの私的な交通手段・公共交通機関の利用。
　　除かれるもの：用具を用いての移動（d 465），運転や操作（d 475）。

d 4700　人力による交通手段の利用　using human-powered vehicles
　　　乗客として，人力による交通手段を利用して移動すること。例えば，人力車や手こぎ舟に乗ること。

d 4701　動力つきの私的交通手段の利用　using private motorized transportation
　　　乗客として私的な動力つきの交通手段を利用して地上，海上，空中を移動すること。例えば，タクシー，自家用の飛行機・船に乗客として乗ること。

d 4702　動力つきの公共交通機関の利用　using public motorized transportation
　　　乗客として公共交通のための動力つきの交通手段を利用して地上，海上，空中を移動すること。例えば，バス，電車，地下鉄，飛行機に乗客として乗ること。

d 4708　その他の特定の，交通機関や手段の利用　using transportation, other specified

d 4709　詳細不明の，交通機関や手段の利用　using transportation, unspecified

4. 運動・移動

d 475　運転や操作　driving

　　乗り物もしくは乗り物を引く動物を操作して動かすこと，自分の意志に基づいて移動すること，また自動車，自転車，ボート，動物の引く乗り物といったあらゆる形式の交通手段を自由に使うこと。

　　含まれるもの：人力による交通手段，動力つきの交通手段，動物の力による交通手段の運転や操作。

　　除かれるもの：用具を用いての移動（d 465），交通機関や手段の利用（d 470）。

　d 4750　人力による交通手段の操作　driving human-powered transportation
　　　　自転車，三輪車，手こぎ舟などの，人力による交通手段を操作すること。

　d 4751　動力つきの交通手段の運転　driving motorized vehicles
　　　　自動車，オートバイ，モーターボート，飛行機などの，動力つきの交通手段を運転すること。

　d 4752　動物の力による交通手段の操作　driving animal-powered vehicles
　　　　荷馬車や馬車などの，動物の力による交通手段を操作すること。

　d 4758　その他の特定の，運転や操作　driving, other specified

　d 4759　詳細不明の，運転や操作　driving, unspecified

d 480　交通手段として動物に乗ること　riding animals for transportation

　　馬，牛，らくだ，象などの動物の背中に乗って移動すること。

　　除かれるもの：運転や操作（d 475），レクリエーションとレジャー（d 920）。

d 489　その他の特定の，および詳細不明の，交通機関や手段を利用しての移動
moving around using transportation, other specified and unspecified

d 498　その他の特定の運動・移動　mobility, other specified

d 499　詳細不明の運動・移動　mobility, unspecified

5. セルフケア self-care

本章は，自分の身体をケアすること，自分の身体を洗って拭き乾かすこと，自分の全身や身体各部の手入れをすること，更衣をすること，食べること，飲むことなど，自分の健康管理に注意することを扱う。

d510 自分の身体を洗うこと　washing oneself

清浄や乾燥のための適切な用具や手段を用い，水を使って，全身や身体の一部を洗って拭き乾かすこと。例えば，入浴すること，シャワーを浴びること，手や足，顔，髪を洗うこと，タオルで拭き乾かすこと。

含まれるもの：身体の一部や全身を洗うこと。自分の身体を拭き乾かすこと。

除かれるもの：身体各部の手入れ（d520），排泄（d530）。

d5100　**身体の一部を洗うこと**　washing body parts

清潔にする目的で，手や顔，足，髪，爪などの身体の一部に対して，水や石鹸，その他のものを用いること。

d5101　**全身を洗うこと**　washing whole body

清潔にする目的で，全身に対して，水や石鹸，その他のものを用いること。例えば，入浴やシャワー。

d5102　**身体を拭き乾かすこと**　drying oneself

洗った後などに，身体の一部や全身を乾かすために，タオルやその他の手段を用いること。

d5108　**その他の特定の，自分の身体を洗うこと**　washing oneself, other specified

d5109　**詳細不明の，自分の身体を洗うこと**　washing oneself, unspecified

d520 身体各部の手入れ　caring for body parts

肌や顔，歯，頭皮，爪，陰部などの身体部位に対して，洗って乾かすこと以上の手入れをすること。

含まれるもの：皮膚，歯，頭髪と髭，手足の爪の手入れ。

除かれるもの：自分の身体を洗うこと（d510），排泄（d530）。

d5200　**皮膚の手入れ**　caring for skin

皮膚のきめと保湿状態の手入れ。例えば，たこや魚の目を取ること，保湿ローションや化粧品を使っての手入れ。

d5201　**歯の手入れ**　caring for teeth

5. セルフケア

歯科衛生上の手入れ。例えば，歯磨き，歯間清掃，義歯や歯科矯正具の手入れ。

- d5202 **頭髪と髭の手入れ** caring for hair

    頭髪と髭の手入れ。例えば，髪をすいたり整えることや，髭を剃ったり刈り込み。

- d5203 **手の爪の手入れ** caring for fingernails

    手の爪を清潔にし，切り，磨くこと。

- d5204 **足の爪の手入れ** caring for toenails

    足の爪を清潔にし，切り，磨くこと。

- d5208 その他の特定の，身体各部の手入れ　caring for body parts, other specified
- d5209 詳細不明の，身体各部の手入れ　caring for body parts, unspecified

d530　排泄　toileting

排泄（生理，排尿，排便）を計画し，遂行するとともに，その後清潔にすること。

含まれるもの：排尿や排便の管理，生理のケア。

除かれるもの：自分の身体を洗うこと（d510），身体各部の手入れ（d520）。

- d5300 **排尿の管理** regulating urination

    排尿を調整し適切に行うこと。例えば，尿意を表出すること。排尿に適した姿勢をとること。排尿に適した場所を選び，そこに行くこと。排尿前後に衣服を着脱すること。排尿後に身体をきれいにすること。

- d5301 **排便の管理** regulating defecation

    排便を調整し適切に行うこと。例えば，便意を表出すること。排便に適した姿勢をとること。排便に適した場所を選び，そこに行くこと。排便前後に衣服を着脱すること。排便後に身体をきれいにすること。

- d5302 **生理のケア** menstrual care

    生理に対して調整し，計画し，ケアすること。例えば，生理を予測し，生理用品を用いること。

- d5308 その他の特定の排泄　toileting, other specified
- d5309 詳細不明の排泄　toileting, unspecified

d540　更衣　dressing

社会的状況と気候条件に合わせて，順序だった衣服と履き物の着脱を手際よく行うこと。例えば，シャツ，スカート，ブラウス，ズボン，下着，サリー，和服，タイツ，帽子，手袋，コート，靴，ブーツ，サンダル，スリッパなどの着脱と調節。

含まれるもの：衣服や履き物の着脱，適切な衣服の選択。

- d5400 **衣服を着ること** putting on clothes

    手際よく，身体のさまざまな部位に衣服を着ること。例えば，頭，腕，肩，上半身，下半身に衣服を着ること。手袋や帽子を身につけること。

d 5401 **衣服を脱ぐこと** taking off clothes
  手際よく，身体のさまざまな部位の衣服を脱ぐこと。例えば，頭，腕，肩，上半身，下半身の衣服を脱ぐこと。手袋や帽子を脱ぐこと。

d 5402 **履き物を履くこと** putting on footwear
  手際よく，靴下，ストッキング，履き物を履くこと。

d 5403 **履き物を脱ぐこと** taking off footwear
  手際よく，靴下，ストッキング，履き物を脱ぐこと。

d 5404 **適切な衣服の選択** choosing appropriate clothing
  明示されたあるいは暗黙の衣服についての慣例（ドレスコード）や，社会的あるいは文化的慣習に従うこと。気候条件に合わせて更衣すること。

d 5408 **その他の特定の更衣** dressing, other specified

d 5409 **詳細不明の更衣** dressing, unspecified

d550 食べること　eating

提供された食べ物を手際よく口に運び，文化的に許容される方法で食べること。例えば，食べ物を細かく切る，砕く，瓶や缶を開ける，はしやフォークなどを使う，食事をとる，会食をする，正餐をとること。

除かれるもの：飲むこと（d 560）。

d560 飲むこと　drinking

文化的に許容される方法で，飲み物の容器を取り，口に運び，飲むこと。飲み物を混ぜる，かきまぜる，注ぐ，瓶や缶を開ける，ストローを使って飲む，蛇口や泉などの流水から飲む，母乳を飲むこと。

除かれるもの：食べること（d 550）。

d570 健康に注意すること　looking after one's health

身体的快適性や健康および身体的・精神的な安寧を確保すること。例えば，バランスのとれた食事をとること。適切なレベルの身体的活動を維持すること。適切な温度を保持すること。健康を害するものを避けること。コンドームの使用などによる安全な性生活を行うこと。予防接種を受けること。定期的な健康診断を受けること。

含まれるもの：身体的快適性の確保，食事や体調の管理，健康の維持。

d 5700 **身体的快適性の確保** ensuring one's physical comfort
  快適な姿勢をとったり，暑すぎず寒すぎないようにしたり，適当な照明下にあることの必要性を意識し，それを確保することで，自分自身のケアをすること。

d 5701 **食事や体調の管理** managing diet and fitness
  栄養のある食べ物の選択や摂取，また体力の維持の必要性を意識した上で，自己のケアをすること。

5. セルフケア

  d 5702 健康の維持 maintaining one's health
    健康上のリスクへの対応と疾病の予防のために必要なことを行う必要性を意識した上で，自己のケアをすること。例えば，専門家の助力を求めること。医療上その他の健康上の助言に従うこと。けがや感染症，薬物使用，性感染症などの健康上のリスクを回避すること。

  d 5708 その他の特定の，健康に注意すること looking after one's health, other specified

  d 5709 詳細不明の，健康に注意すること looking after one's health, unspecified

d 598 その他の特定のセルフケア self-care, other specified

d 599 詳細不明のセルフケア self-care, unspecified

6. 家庭生活 domestic life

　本章は，家庭における日々の活動や課題の遂行を扱う。家庭生活の領域とは，住居，食料，衣服，その他の必需品を入手したり，掃除や修繕をしたり，個人的にその他の家庭用品を手入れすることや，他者を支援することを含む。

必需品の入手　acquisition of necessities（d610-d629）

d610　住居の入手　acquiring a place to live

　家やアパート，その他の住宅を購入あるいは賃借し，家具調度を整えること。

　含まれるもの：住居の購入や貸借，家具調度の整備。

　除かれるもの：物品とサービスの入手（d620），家庭用品の管理（d650）。

d6100　住居の購入　buying a place to live

　家，アパート，その他の住宅の所有権を得ること。

d6101　住居の賃借　renting a place to live

　他人のものである家，アパート，その他の住居を，家賃を支払うことによって使用権を得ること。

d6102　家具調度の整備　furnishing a place to live

　家具や設備，その他の部屋を装飾する備品を住居に据え付け，部屋を装飾すること。

d6108　その他の特定の，住居の入手　acquiring a place to live, other specified

d6109　詳細不明の，住居の入手　acquiring a place to live, unspecified

d620　物品とサービスの入手　acquisition of goods and services

　日々の生活に必要な全ての物品とサービスを選択し，入手し，運搬すること。例えば，食料，飲み物，衣服，清掃用具，燃料，家庭用品，用具，台所用品，調理用品，家庭用器具，道具を選択し，入手し，運搬し，貯蔵すること。公益サービスやその他の家庭生活を支援するサービスを入手すること。

　含まれるもの：買い物，日常必需品の収集。

　除かれるもの：住居の入手（d610）。

d6200　買い物　shopping

　代金を支払い，日々の生活に必要な物品とサービスを入手すること（仲介者に買い物をするよう指導や監督することを含む）。例えば，店や市場で食料，飲み物，

清掃用具，家庭用品，衣服を選択すること。必要な物品の質や価格を比較すること。選択した物品，サービス，支払い交渉と支払い，物品の運搬。

- d6201 **日常必需品の収集** gathering daily necessities

    代金を払わずに，日々の生活に必要な物品とサービスを収集すること（人に指示し，監督することによって日用品を収集することを含む）。例えば，野菜や果物を収穫すること，燃料や水を入手しておくこと。

- d6208 **その他の特定の，物品とサービスの入手** acquisition of goods and services, other specified

- d6209 **詳細不明の，物品とサービスの入手** acquisition of goods and services, unspecified

d629 その他の特定の，および詳細不明の，必需品の入手 acquisition of necessities, other specified and unspecified

家事 household tasks（d630-d649）

d630 調理 preparing meals

自分や他人のために，簡単あるいは手の込んだ食事を計画し，準備し，調理し，配膳すること。例えば，献立を立てること，飲食物を選択すること，食事の材料を入手すること，加熱して調理すること，冷たい飲食物を準備すること，食べ物を配膳することなどによって，それを行うこと。

含まれるもの：簡単あるいは手の込んだ食事の準備。

除かれるもの：食べること（d550），飲むこと（d560），物品とサービスの入手（d620），調理以外の家事（d640），家庭用品の管理（d650），他者への援助（d660）。

- d6300 **簡単な食事の調理** preparing simple meals

    少数の材料を用いて，簡単に準備や配膳ができるような食事を準備し，調理し，配膳すること。例えば，軽食や小皿料理を作ること。米やポテトのような食べ物を切ったり，かきまぜたり，ゆでたり，加熱して食材を加工すること。

- d6301 **手の込んだ食事の調理** preparing complex meals

    多数の材料を用いて，手の込んだ方法で準備や配膳するような食事を計画し，準備し，調理し，配膳すること。例えば，フルコースメニューを計画すること。皮をむいたり，スライスしたり，混ぜたり，こねたり，かきまぜる行為を組み合わせて食材を加工すること。その場の状況と文化にふさわしいマナーで食事を提供し配膳すること。

    除かれるもの：家庭用器具の使用（d6403）。

- d6308 **その他の特定の調理** preparing meals, other specified

d 6309　詳細不明の調理　preparing meals, unspecified

d 640　調理以外の家事　doing housework

　　家の掃除，衣服の洗濯，家庭用器具の使用，食料の貯蔵，ゴミ捨てによる家事の管理。例えば，床を掃く，モップがけ，カウンターや壁などの表面の洗浄。家庭ゴミを集め捨てること。部屋やクロゼット，引き出しの整頓。衣服を集めたり，洗濯，乾燥，たたむこと，アイロンかけ。靴磨き。ほうきやブラシ，掃除機の使用。洗濯機，乾燥機，アイロンなどの使用によって，それを行うこと。

　含まれるもの：衣服や衣類の洗濯と乾燥，台所の掃除と台所用具の洗浄，居住部分の掃除，家庭用器具の使用，日常必需品の貯蔵，ゴミ捨て。

　除かれるもの：住居の入手（d 610），物品とサービスの入手（d 620），調理（d 630），家庭用品の管理（d 650），他者への援助（d 660）。

d 6400　衣服や衣類の洗濯と乾燥　washing and drying clothes and garments
　　　　衣服や衣類を手で洗濯し，空中に掛けて乾かすこと。

d 6401　台所の掃除と台所用具の洗浄　cleaning cooking area and utensils
　　　　調理後の後片づけ。例えば，皿，鉢，鍋，調理道具を洗うこと。調理や，食事の場所のテーブルや床を掃除すること。

d 6402　居住部分の掃除　cleaning living area
　　　　家族の居住部分の掃除。例えば，整頓，清掃，床を掃く，雑巾がけ，床のモップがけ，窓や壁の清掃，浴室やトイレの清掃，家具調度を清掃。

d 6403　家庭用器具の使用　using household appliances
　　　　あらゆる種類の家庭用器具を使用すること。例えば，洗濯機，乾燥機，アイロン，掃除機，皿洗い機を使用すること。

d 6404　日常必需品の貯蔵　storing daily necessities
　　　　日々の生活に必要な食べ物，飲み物，衣服，その他の家庭用品を貯蔵すること。例えば，缶詰，塩づけや冷蔵などの方法で保存用食品を準備すること。食べ物を新鮮な状態で保管したり，動物の手が届かないところで保管すること。

d 6405　ゴミ捨て　disposing of garbage
　　　　家庭のゴミを捨てること。例えば，家の周りのゴミやくずの集積，始末するゴミの準備，ゴミ処理機の使用，ゴミの焼却。

d 6408　その他の特定の家事　doing housework, other specified

d 6409　詳細不明の家事　doing housework, unspecified

d 649　その他の特定の，および詳細不明の，家事　household tasks, other specified and unspecified

家庭用品の管理および他者への援助　caring for household objects and assisting others（d 650- d 669）

d 650　家庭用品の管理　caring for household objects

家庭用品およびその他の個人用品を維持し，補修すること。その家庭用品等には，家とその内部，衣服，乗り物，福祉用具や，植物と動物の世話を含む。例えば，部屋の壁のペンキ塗り，壁紙貼り，家具の配置。配管の修理。乗り物が正常に動く状態に保っておくこと。植物の水やり，ペットと家畜の毛づくろいや餌をあげること。

含まれるもの：衣服の作製と補修。住居，家具，家庭内器具の手入れ。乗り物の手入れ。福祉用具の手入れ。屋内外の植物の手入れ，動物の世話。

除かれるもの：住居の入手（d 610），物品とサービスの入手（d 620），調理以外の家事（d 640），他者への援助（d 660），報酬を伴う仕事（d 850）。

d 6500　衣服の作製と補修　making and repairing clothes

衣服の作製と補修。例えば，衣類の縫製，製作，修繕。ボタンやファスナーの付け直し。衣類のアイロンがけ。靴の修繕，靴磨き。

除かれるもの：家庭用器具の使用（d 6403）。

d 6501　住居と家具の手入れ　maintaining dwelling and furnishings

住宅とその外装や内装，内部を補修，手入れすること。例えば，ペンキ塗り，設備や家具の補修，補修に必要な道具の使用。

d 6502　家庭内器具の手入れ　maintaining domestic appliances

調理，清掃，補修用のあらゆる家庭内の器具の補修や手入れをすること。例えば，道具に油をさして修理すること，洗濯機を手入れすること。

d 6503　乗り物の手入れ　maintaining vehicles

個人的に利用するために，自転車，カート，自動車，ボートなど，動力つきの，または動力なしの乗り物を補修したり，手入れをすること。

d 6504　福祉用具の手入れ　maintaining assistive devices

福祉用具（義肢や装具，家事や個人的ケアのための特別な道具など）を補修したり，手入れをすること。例えば，杖，歩行器，車椅子，スクーターなど，個人的移動のための福祉用具を手入れしたり，補修すること。コミュニケーション福祉用具やレクリエーション用福祉用具を手入れすること。

d 6505　屋内外の植物の手入れ　taking care of plants, indoors and outdoors

屋内外の植物の世話。例えば，植物を植えること，水をやること，肥料を与えること，ガーデニング，個人的な使用のための食用植物を栽培すること。

d 6506　動物の世話　taking care of animals

家畜とペットの世話。例えば，ペットに餌をあげること，洗うこと，毛並みを手入れすること，運動させること。動物とペットの健康管理。留守中の動物とペットの世話の手配。

d 6508　その他の特定の，家庭用品の管理　caring for household objects, specified

d 6509　詳細不明の，家庭用品の管理　caring for household objects, unspecified

d 660　他者への援助　assisting others

　　家族や他人の学習，コミュニケーション，セルフケア，移動を，家の内外で援助したり，安寧を気遣うこと。

　　含まれるもの：他者のセルフケア・移動・コミュニケーション・対人関係・栄養摂取・健康維持への援助。

　　除かれるもの：報酬を伴う仕事（d 850）。

d 6600　他者のセルフケアへの援助　assisting others with self-care

　　家族や他人のセルフケアを援助すること。他者への食事，入浴，更衣の援助を含む。例えば，子どもや病人，あるいは基本的なセルフケアに困難のある家族を世話すること。他者の排泄を援助すること。

d 6601　他者の移動への援助　assisting others in movement

　　家族や他人の移動や屋外に出ることを援助すること。例えば，近所，市内，学校，職場，その他の目的地などへの往復を援助すること。

d 6602　他者のコミュニケーションへの援助　assisting others in communication

　　家族や他人のコミュニケーションを援助すること。例えば，話したり，書いたり，読むことを援助すること。

d 6603　他者の対人関係への援助　assisting others in interpersonal relations

　　家族や他人の対人相互関係を援助すること。例えば，人間関係をつくったり，維持したり，断つことを援助すること。

d 6604　他者の栄養摂取への援助　assisting others in nutrition

　　家族や他人の栄養摂取を援助すること。例えば，彼ら／彼女らが食事を準備し，食べることを援助すること。

d 6605　他者の健康維持への援助　assisting others in health maintenance

　　家族や他人が公式あるいは非公式な保健・医療を受けるのを援助すること。例えば，子どもが定期健康診断を受けることや，高齢の身内が必要な服薬することを援助すること。

d 6608　その他の特定の，他者への援助　assisting others, other specified

d 6609　詳細不明の，他者への援助　assisting others, unspecified

d 669　その他の特定の，および詳細不明の，家庭用品の手入れと他者への援助　caring for household objects and assisting others, other specified and unspecified

d 698　その他の特定の家庭生活　domestic life, other specified

d 699 詳細不明の家庭生活　domestic life, unspecified

7. 対人関係 interpersonal interactions and relationships

本章は，状況に見合った社会的に適切な方法を用いて，人々（よく知らない人，友人，親戚，家族，恋人）と，基本的で複雑な相互関係をもつために必要とされる行為や課題の遂行について扱う。

一般的な対人関係　general interpersonal interactions（d710-d729）

d710　**基本的な対人関係**　basic interpersonal interactions

状況に見合った社会的に適切な方法で，人々と対人関係をもつこと。例えば，適切な思いやりや敬意を示すこと。他人の気持ちに適切に対応すること。

含まれるもの：対人関係における敬意と思いやり，感謝，寛容の表明。対人関係における批判や合図への対応。対人関係における適切な身体的接触の使用。

d7100　**対人関係における敬意と思いやり**　respect and warmth in relationships

状況に見合った社会的に適切な方法で，いたわりや敬意を示したり，それに対応したり，すること。

d7101　**対人関係における感謝**　appreciation in relationships

状況に見合った社会的に適切な方法で，満足や感謝の気持ちを示したり，それに対応したり，すること。

d7102　**対人関係における寛容さ**　tolerance in relationships

状況に見合った社会的に適切な方法で，行動を理解し受け入れることを示したり，それに対応したり，すること。

d7103　**対人関係における批判**　criticism in relationships

状況に見合った社会的に適切な方法で，明確な，あるいは暗黙の意見の相違や不一致を示したり，それに対応したり，すること。

d7104　**対人関係における合図**　social cues in relationships

社会関係の中で生じる，目くばせや，うなずきなどのサインとヒントを適切に用いたり，それに対応したり，すること。

d7105　**対人関係における身体的接触**　physical contact in relationships

状況に見合った社会的に適切な方法で，人々と身体的に接触したり，それに対応したり，すること。

d7108　**その他の特定の，基本的な対人関係**　basic interpersonal interactions, other specified d 7109　詳細不明の，基本的な対人関係　basic interpersonal interactions, unspecified

d 720　複雑な対人関係　complex interpersonal interactions

　状況に見合った社会的に適切な方法で，他者と対人関係を維持し調整すること。例えば，感情や衝動の制御，言語的あるいは身体的攻撃性の制御，社会的相互作用の中での自主的な行為，社会的ルールと慣習に従った行為によってそれを行うこと。

　含まれるもの：対人関係の形成や終結，対人関係における行動の制御。社会的ルールに従った相互関係あるいは社会的空間の維持。

d 7200　**対人関係の形成**　forming relationships

　状況に見合った社会的に適切な方法で，他の人々との対人関係を短期間あるいは長期間，開始し維持すること。例えば，自己紹介，友人関係や職業上の関係の発見や樹立。永続的であったり，恋愛感情があったり，親密なものになりうる人間関係の構築。

d 7201　**対人関係の終結**　terminating relationships

　状況に見合った社会的に適切な方法で，他の人々との相互関係を終結すること。例えば，訪問の終わりに，一旦，関係を終わらせること。新しい町へ引っ越す際に，長期にわたる友人関係を終わらせること。職場の同僚，学校の同僚，サービス提供者との関係を終わらせること。恋愛関係あるいは親密な関係を終結させること。

d 7202　**対人関係における行動の制御**　regulating behaviours within interactions

　状況に見合った社会的に適切な方法で，他の人々との人間関係における感情，衝動，言語的攻撃性，身体的攻撃性を制御すること。

d 7203　**社会的ルールに従った対人関係**　interacting according to social rules

　社会的相互関係の中で自立して行動し，他の人々との対人関係における役割や地位，その他の社会的身分を支配している社会的慣例に従うこと。

d 7204　**社会的距離の維持**　maintaining social space

　状況に見合った社会的に適切な方法で，自分自身と他人との距離を認識し維持すること。

d 7208　その他の特定の，複雑な対人関係　complex interpersonal interactions, other specified

d 7209　詳細不明の，複雑な対人関係　complex interpersonal interactions, unspecified

d 729　その他の特定の，および詳細不明の，一般的な対人関係　general interpersonal interactions, other specified and unspecified

特別な対人関係　particular interpersonal relationships（d730-d779)

d730　よく知らない人との関係　relating with strangers
ある特定の理由があって，一時的によく知らない人と接触したり，遭遇すること。例えば，道を尋ねたり，物を買うこと。

d740　公的な関係　formal relationships
公的な状況（雇用主，専門家，サービス提供者との関係）において，特定な関係をつくり保つこと。

含まれるもの：権限のある人，下位の立場にある人，同等の立場にある人との関係。

- d7400　権限のある人との関係　relating with persons in authority
  本人自身の社会的地位とくらべて権力をもった人，地位のある人，名声のある人との公的な関係（雇用主との関係）をつくり保つこと。
- d7401　下位の立場にある人との関係　relating with subordinates
  本人と比べ，社会的な地位や名声について，下位の立場にある人との公的な関係（被雇用者あるいは使用人との関係）をつくり保つこと。
- d7402　同等の立場にある人との関係　relating with equals
  社会的な権威や地位，名声が，本人と同等な人との公的な関係をつくり保つこと。
- d7408　その他の特定の，公的な関係　formal relationships, other specified
- d7409　詳細不明の，公的な関係　formal relationships, other unspecified

d750　非公式な社会的関係　informal social relationships
他の人々との関係に加わること。例えば，同じコミュニティや居住区に住んでいる人々，同僚，友人，遊び仲間，類似した経歴や職業をもつ人々との一時的な関係。

含まれるもの：友人，隣人，知人，同居者，仲間との非公式な関係。

- d7500　友人との非公式な関係　informal relationships with friends
  相互の敬意や共通の興味によって特徴づけられる友人関係をつくり保つこと。
- d7501　隣人との非公式な関係　informal relationships with neighbours
  近隣の住居や住宅区に住む人々との非公式な関係をつくり保つこと。
- d7502　知人との非公式な関係　informal relationships with acquaintances
  知人ではあるが，親しい友人ではない人々との非公式な関係をつくり保つこと。
- d7503　同居者との非公式な関係　informal relationships with co-inhabitants
  私的あるいは公的に経営されている家や他の住居に同居している同居者との何らかの理由での非公式な関係をつくり保つこと。
- d7504　仲間との非公式な関係　informal relationships with peers
  年齢，興味，その他の特徴を共有する人々との非公式な関係をつくり保つこと。

d 7508　その他の特定の，非公式な社会関係　informal social relationships, other specified

d 7509　詳細不明の，非公式な社会関係　informal social relationships, unspecified

d 760　家族関係　family relationships

血族や親類関係をつくり保つこと。例えば，核家族，拡大家族，里子をもつ家族，養子をもつ家族，義理の家族。またいとこや法的後見人のような更に遠い関係。

含まれるもの：子どもとの関係，親との関係，兄弟姉妹や親族との関係。

d 7600　子どもとの関係　parent-child relationships

実の親もしくは養子縁組の親になること。あるいは親であること。例えば，子どもをもつこと。親として子どもと関係をもつこと。養子との親子関係を構築し，維持すること。実の子ども，もしくは養子の子どもに対して物的，知的，情緒的養育を提供すること。

d 7601　親との関係　child-parent relationships

自分の親との関係を構築し，維持すること。例えば，幼い子どもが自分の親に従うこと。成人した子どもが年老いた親の世話をすること。

d 7602　兄弟姉妹との関係　sibling relationships

血縁，養子縁組，結婚を通して，片親または両親が同じである兄弟関係や姉妹関係をつくり保つこと。

d 7603　親族との関係　extended family relationships

いとこ，おば，おじ，祖父母などの親族との親戚関係をつくり保つこと。

d 7608　その他の特定の家族関係　family relationships, other specified

d 7609　詳細不明の家族関係　family relationships, unspecified

d 770　親密な関係　intimate relationships

個人間の親密な関係あるいは恋愛関係をつくり保つこと。例えば，夫と妻，恋人同士，性的パートナー同士との関係。

含まれるもの：恋愛関係，婚姻関係，性的関係。

d 7700　恋愛関係　romantic relationships

情緒的，身体的愛情に基づいてつくり保つ関係で，長期の親密な関係へと至る可能性のあるもの。

d 7701　婚姻関係　spousal relationships

法的な，他人との親密な関係を構築し，維持すること。例えば，法的結婚として法的に既婚の夫あるいは妻となること。非婚（内縁）の配偶者となることを含む。

d 7702　性的関係　sexual relationships

配偶者やその他のパートナーと性的な関係を構築し，維持すること。

d 7708　その他の特定の親密な関係　intimate relationships, other specified

d 7709　詳細不明の親密な関係　intimate relationships, unspecified

d 779 その他の特定の，および詳細不明の，特別な対人関係　particular interpersonal relationships, other specified and unspecified

d 798 その他の特定の対人関係　interpersonal interactions and relationships, other specified

d 799 詳細不明の対人関係　interpersonal interactions and relationships, unspecified

8. 主要な生活領域 major life areas

本章は，教育，仕事と雇用に携わり，経済的取引きを行うために必要とされる課題や行為に従事したり，遂行することを扱う。

教育　education（d810–d839）

d810　非公式な教育　informal education

家庭やその他の非制度的な環境での学習。例えば，親や家族から工芸やその他の技能を学ぶことや，家庭教育（ホームスクーリング）。

d815　就学前教育　preschool education

子どもを学校型環境へと導入し，義務教育の準備をするために主として作られた組織的な初歩レベルの教育で学ぶこと。例えば，就学の準備として，保育所または同様の環境で技能を獲得することを通して，など。

d820　学校教育　school education

学校へ入学し，学校に関連した責任や権利に関与し，初等・中等教育プログラムにおいて，課程や教科，その他のカリキュラムで要求されることを学ぶこと。例えば，学校に規則正しく通うこと。他の生徒と協調して学ぶことや，先生から指導を受けること。割り当てられた課題や学習課題を調整したり，勉強したり，成し遂げること。教育の別の段階へ進むこと。

d825　職業訓練　vocational training

技能職，一般職，専門職として雇用されるための準備として，職業プログラムのあらゆる活動に従事し，カリキュラム教材を学ぶこと。

d830　高等教育　higher education

総合大学，単科大学，専門職教育機関における高等教育プログラムの活動に従事し，学位，卒業証書，修了証書，その他の認可に必要とされるカリキュラムのあらゆる側面を学ぶこと。例えば，学士や修士の課程を修了すること，医学などの専門職教育機関を修了すること。

d839 その他の特定の，および詳細不明の，教育　education, other specified and unspecified

仕事と雇用　work and employment（d840-d859）

d840 見習研修（職業準備）　apprenticeship (work preparation)

雇用の準備に関連したプログラムへの従事。例えば，見習研修，インターン制，年季契約雇用，現職訓練などに必要な課題を遂行すること。

除かれるもの：職業訓練（d825）。

d845 仕事の獲得・維持・終了　acquiring, keeping and terminating a job

仕事を求めたり，見つけたり，選択すること。雇用されること。雇用を受け入れること。仕事，一般職，職業，専門職の継続と昇格。適切な方法で退職すること。

含まれるもの：職探し。履歴書と職務経歴書の準備。雇用主への連絡と面接の準備。仕事の継続。仕事の自己評価。退職の予告。退職すること。

 d8450　**職探し**　seeking employment

  一般職や専門職，その他の雇用形態における仕事を決めたり選んだりすること。雇用されるために必要な課題を遂行すること。例えば，職場訪問，採用面接に参加すること。

 d8451　**仕事の継続**　maintaining a job

  職業，一般職，専門職，その他の雇用形態を継続するために，仕事に関連した課題を遂行すること。昇進やその他の雇用における昇格を得ること。

 d8452　**退職**　terminating a job

  適切な方法で退職すること。

 d8458　**その他の特定の，仕事の獲得・維持・終了**　acquiring, keeping and terminating a job, other specified

 d8459　**詳細不明の，仕事の獲得・維持・終了**　acquiring, keeping and terminating a job, unspecified

d850 報酬を伴う仕事　remunerative employment

賃金を得て，被雇用者（常勤・非常勤を問わず）や自営業者として，職業，一般職，専門職，その他の雇用形態での労働に従事すること。例えば，職探し，就職，仕事上必要な課題の遂行，要求されている時間通りの仕事への従事，他の労働者を監督すること，監督されること，個人またはグループで必要な仕事の遂行。

含まれるもの：自営業。常勤や非常勤での雇用。

 d8500　**自営業**　self-employment

個人が見つけだしたり創出したり，あるいは公式の雇用関係なしで他人から請け負った，報酬を伴う仕事に従事すること。例えば，季節農業労働，自由契約の作家やコンサルタントとしての仕事，短期契約の仕事，芸術家や工芸家としての仕事，店やその他のビジネスの所有や経営。

除かれるもの：非常勤の雇用，常勤の雇用（d 8501・d 8502）。

d 8501　非常勤雇用　part-time employment

賃金を得て，被雇用者として，非常勤の仕事に従事すること。例えば，職探し，就職，仕事上必要な課題の遂行，要求されている時間通りの仕事への従事，他の労働者を監督すること，監督されること，個人またはグループでの必要な仕事の遂行。

d 8502　常勤雇用　full-time employment

賃金を得て，被雇用者として，常勤の仕事に従事すること。例えば，職探し，就職，仕事上必要な課題の遂行，要求されている時間通りの仕事への従事，他の労働者を監督すること，監督されること，個人またはグループでの必要な仕事の遂行。

d 8508　その他の特定の，報酬を伴う仕事　remunerative employment, other specified

d 8509　詳細不明の，報酬を伴う仕事　remunerative employment, unspecified

d 855　無報酬の仕事　non-remunerative employment

賃金の支払われない労働に，常勤あるいは非常勤として従事すること。例えば，組織化された仕事の活動，仕事上必要な課題の遂行。要求されている時間通りの仕事への従事。他の労働者を監督すること，監督されること。個人でおよびグループでの必要な仕事の遂行。例えば，ボランティア，奉仕労働，コミュニティや宗教団体への無報酬での労働，無報酬での家の周りの労働。

除かれるもの：第6章：家庭生活

d 859　その他の特定の，および詳細不明の，仕事と雇用　work and employment, other specified and unspecified

経済生活　economic life（d 860-d 879）

d 860　基本的な経済的取引き　basic economic transactions

単純な経済取引きのあらゆる形態へ従事すること。例えば，食料を購入するための金銭の使用，物物交換，物品やサービスの交換，金銭を貯蓄すること。

d865　複雑な経済的取引き　complex economic transactions
　　資本や資産の交換，利益や経済的価値の創出など，あらゆる形態の複雑な経済的取引きへ従事すること。例えば，ビジネス，工場，設備を買うこと。銀行口座の維持，商品の売買。

d870　経済的自給　economic self-sufficiency
　　現在および将来のニーズに対する経済的保障を確保するために，私的または公的な財産を管理していること。
　　含まれるもの：個人の資産と経済上の公的な資格・権利。

　　d8700　**個人の資産**　personal economic resources
　　　　現在および将来のニーズに対する経済的保障を確保するために，個人的・私的な財産を管理していること。

　　d8701　**経済上の公的な資格・権利**　public economic entitlements
　　　　現在および将来のニーズに対する経済的保障を確保するために，経済上の公的な資格・権利を保有していること。

　　d8708　**その他の特定の経済的自給**　economic self-sufficiency, other specified
　　d8709　**詳細不明の経済的自給**　economic self-sufficiency, unspecified

d879　その他の特定の，および詳細不明の，経済生活　economic life, other specified and unspecified

d898　その他の特定の主要な生活領域　major life areas, other specified

d899　詳細不明の主要な生活領域　major life areas, unspecified

9. コミュニティライフ・社会生活・市民生活　community, social and civic life

　本章は，家族外での組織化された社会生活，コミュニティライフ，社会生活や市民生活の種々の分野に従事するのに必要な行為や課題を扱う。

d 910　コミュニティライフ　community life

　コミュニティにおける社会生活のあらゆる面に関与すること。例えば，慈善団体，社会奉仕クラブ，専門職の社会的団体に関与すること。

含まれるもの：非公式または公式の団体，式典。

除かれるもの：無報酬の仕事（d 855），レクリエーションとレジャー（d 920），宗教とスピリチュアリティ（d 930），政治活動と市民権（d 950）。

- d 9100　**非公式団体**　informal associations

　共通の興味をもつ人々によって組織された社会団体やコミュニティ団体（例えば，地方の社会的クラブ，民族グループ）に関与すること。

- d 9101　**公式の団体**　formal associations

　専門家などメンバーが限定されたグループ（例えば，法律家，医師，学者の団体）に関与すること。

- d 9102　**式典**　ceremonies

　宗教的ではない式典や社会的式典（例えば，結婚式，葬式，通過儀礼）に関与すること。

- d 9108　**その他の特定のコミュニティライフ**　community life, other specified
- d 9109　**詳細不明のコミュニティライフ**　community life, unspecified

d 920　レクリエーションとレジャー　recreation and leisure

　あらゆる形態の遊び，レクリエーション，レジャー活動へ関与すること。例えば，非公式のまたは組織化された遊び，スポーツ，フィットネス，リラクセーション，娯楽や気晴らし，美術館・博物館・映画・演劇へ行くこと，工芸や趣味に携わること，読書，楽器の演奏，観光，観光旅行，旅行。

含まれるもの：遊び，スポーツ，芸術と文化，工芸，趣味，社交。

除かれるもの：交通手段として動物に乗ること（d 480），報酬を伴うあるいは無報酬の仕事（d 850・d 855），宗教とスピリチュアリティ（d 930），政治活動と市民権（d 950）。

- d 9200　**遊び**　play

　ルールのあるゲーム，構造化や組織化されていないゲーム，自然発生的なレク

リエーションへ関与すること。例えば，チェスやトランプをすることや，子どもの遊び。

- d9201 **スポーツ** sports
  個人または団体競技として非公式あるいは公式に組織化されたゲームや運動行事（例えば，ボーリング，体操，サッカー）へ関与すること。

- d9202 **芸術と文化** arts and culture
  芸術的あるいは文化的な行事への関与と鑑賞。例えば，演劇，映画，博物館，美術館へ行くこと。演劇で役を演ずること。読書や楽器を演奏すること。

- d9203 **工芸** crafts
  手工芸（例えば，陶芸や編物）へ関与すること。

- d9204 **趣味** hobbies
  娯楽（例えば，切手収集，硬貨収集，骨董収集）へ関与すること。

- d9205 **社交** socializing
  非公式な一時的な集まり（例えば，友人や親戚の訪問，公的な場での非公式な集まり）へ関与すること。

- d9208 **その他の特定の，レクリエーションとレジャー** recreation and leisure, other specified

- d9209 **詳細不明の，レクリエーションとレジャー** recreation and leisure, unspecified

d930　宗教とスピリチュアリティ　religion and spirituality

自己実現のため，宗教的またはスピリチュアルな活動，組織化，儀礼に関与すること。意味や宗教的あるいはスピリチュアルな価値を発見すること。神的な力との結びつきを確立すること。例えば，教会，寺院，モスク，シナゴーグへの出席。祈り。宗教的目的のための詠唱，精神的瞑想。

含まれるもの：宗教団体とスピリチュアリティ。

- d9300 **宗教団体** organized religion
  宗教団体の儀式，活動，行事へ関与すること。

- d9301 **スピリチュアリティ** spirituality
  組織化された宗教以外の，スピリチュアルな活動や行事へ関与すること。

- d9308 **その他の特定の，宗教とスピリチュアリティ** religion and spirituality, other specified

- d9309 **詳細不明の，宗教とスピリチュアリティ** religion and spirituality, unspecified

d940　人権　human rights

国家的かつ国際的に認められ，人間であれば誰もが与えられる権利の享受。例えば，世界人権宣言（1948）や国連・障害者の機会均等化に関する標準規則（1993）によって認められた人権，自己決定や自律の権利，自分の運命を管理する権利の享受。

除かれるもの：政治活動と市民権（d 950）。

d 950 **政治活動と市民権**　political life and citizenship

　市民として，社会的，政治的，統治的活動に関与すること。市民として，合法的地位を有し，その役割と関連した権利，保護，特権，義務を享受すること。例えば，選挙権や被選挙権，政治団体の結成の権利，市民権に伴う権利や自由（例えば，言論，結社，信教の自由。理由なき取り調べと差し押さえに対する保護。黙秘権や裁判を受ける権利。その他の法的権利や差別に対する保護）を享受すること，市民として法的立場を有すること。

除かれるもの：人権（d 940）。

d 998　その他の特定の，コミュニティライフ・社会生活・市民生活　community, social and civic life, other specified

d 999　詳細不明の，コミュニティライフ・社会生活・市民生活　community, social and civic life, unspecified